西成のNPO法人代表が語る

生活困窮者のリアル

大阪に来たら ええやん!

坂本慎治

信長出版

はじめに

居場所がないなら、大阪に来たらええやん

私は、生活困窮者支援、居住支援、住宅情報支援、障がい者支援を行うNPO法人「生活支援機構ALL」の代表を務めています。

生活困窮者の相談に乗り、生活保護の申請を手助けし、住まいを紹介するのが主な活動です。

2020年に巻き起こった新型コロナショックにより、生活困窮者の数は「目に見えている数字」以上に増えています。

生活困窮者の「聖地」とも呼ばれる大阪府大阪市西成区・あいりん地区のど真ん中に事務所を構え、生活困窮者の相談に乗っている私は、その実情をひしひし

と感じています。

最近は、テレビをはじめとしたメディア関係の方々から取材していただく機会が増えました。

生活困窮者の現状については本書にて説明しますが、メディアの方々にとっても知らないことばかりのようで、私の話を聞いて大変驚かれるのです。

テレビ番組で「生活支援機構ＡＬＬ」のことが放送されると反響は大きく、それを見た他のメディアの方からまた取材を受けるということの繰り返しです。

幸い大阪は、全国の中でも生活困窮者の支援体制が比較的整っている地域であり、生活保護や居住支援によって救われている生活困窮者もたくさんいます。「ちょっと貧しいから」と相手をバカにしたり蔑んだりしないフランクな県民性も、生活困窮者にとっては暮らしやすい環境のようです。

一方、全国的に見れば、生活困窮者の支援が行き届いているとは言えません。「生活保護を受けるくらいなら死んだほうがマシ」と、苦しい生活を強いられているにもかかわらず生活保護を受けなかったり、生活保護を受けている人を「税金で飯を食っている穀潰《ごくつぶ》し」と非難したり、生活保護受給者の入居を断る大家さんがいたりと、悲しい事例が後を絶たないのが現実です。

そこで、世の中のみなさんに広く、生活困窮者の実情を知っていただき、手を差し伸べる勇気を持ってほしいと思い立ち、本書を執筆することにしました。

本書のタイトルは「大阪に来たらええやん！」。

先ほど述べたとおり、大阪は、生活保護の受給をサポートする体制や、生活困窮者の住まい探しを支援する体制が充実しています。受給者の数そのものも多く、生活保護を受けることが決して珍しくはないのです。

コロナ禍で急に仕事を失い、収入が途絶えた。家賃も滞納し、家を追い出されそうだ。
なら、大阪に来たらええやん。

人生に失敗して、未来が見えない。
なら、大阪に来たらええやん。

夫のＤＶから逃げたい。
なら、大阪に来たらええやん。

地域の人とうまくコミュニケーションがとれず、孤立している。
なら、大阪に来たらええやん。

大阪には、さまざまな理由で収入がなくなり、住むところを失いながらも、居住支援を受け、生活保護を受給しながら、再起に向かって頑張っている人がたくさんいます。

今住んでいるところでうまくいかないからと、将来を悲観する必要はありません。

大阪に居を移して、そこで再起すればいいのです。

大阪に来てくれさえすれば、私をはじめとする「生活支援機構ＡＬＬ」のメンバーがいつでも相談に乗ります。

本書は全６章で構成されています。

第１章では「右肩上がりで増加し続ける生活困窮者」として、コロナ禍によって増加に拍車が掛かっている生活困窮者の実情をお話しします。

第2章のテーマは「大阪市西成区」。我々が事務所を構える大阪市西成区のリアルな内情をご紹介します。

第3章は「生活困窮者のリアル」。私がこれまでに相談に乗ってきた生活困窮者の事例を中心に、生活に苦しむ人の実態と生活保護の大切さを訴えています。

第4章では、私がＮＰＯ法人立ち上げに至るまでの物語を、半ば自伝的にご紹介しています。

第5章は「現場から行政にいいたいこと」。正直なところ、行政による生活困窮者支援はまだまだ充実しているとは言い難く、とても残念に感じています。現場で相談に乗り続けている私だからできる、行政への「提言」を記しています。

第6章では、生活困窮者への居住支援活動を広げていくために必要不可欠な「大家さん」のご協力を仰ぎたく、居住者と大家さんへのサポート体制をご説明しています。

本書があなたにとって、生活困窮者が置かれている実情への理解をうながし、手を差し伸べるための一助となれば、著者としてこれに勝る喜びはありません。

NPO法人生活支援機構ALL　代表理事

坂本　慎治

第3章　生活困窮者のリアル

第4章　NPO法人創業のきっかけ

第5章 現場から行政にいいたいこと

第6章 居住支援には大家さんの理解が必要

第１章

右肩上がりで増加しつづける生活困窮者

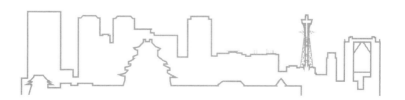

住むところがない人たち

決して「対岸の火事」ではない

「仕事や住まいを失う」。そのようなことは「対岸の火事」くらいに思っていた人が、２０２０年に巻き起こったコロナショックのあおりをもろに受け、現実として、仕事や住まいを失う。そのようなことが増えています。

ある日、コロナ禍での人員整理の影響で職を失った女性が、「生活支援機構ＡＬＬ」に相談に来ました。

彼女は38歳。数年前までは、両親とともに穏やかに暮らしながら、自身もバリバリと仕事をしていました。

しかし、父親が他界したことから歯車が狂い始めます。

残された母親は認知症を発症。やむを得ず、介護施設に入所することになります。

施設に頼れたことで負担は多少和らぎますが、それでも介護から完全に解放されるわけではありません。仕事を頑張り、家に帰ったらすぐに母親の元へ着替えやおむつを届ける毎日が続きます。

次第に、仕事中にも施設の職員から「お母さん、ティッシュがなくなったんです」「パンツがなくなったんです」とSOSが入るようになります。仕事を抜け出して施設に向かい、必要な物資を届け、汚れた洗濯物を回収して、洗濯してまた仕事……。それでも、認知症の母親は感謝の気持ちを示すことはありません。むしろ「はよ持ってこんか！　アホか！　ボケ！」と理不尽に罵られるばかりだったと言います。

「私、何のために生きているんだろう」。

彼女の心はどんどん荒《すさ》んでいきました。

「死ぬしかない人」を救うのが私たちの日常

やがて母親は他界。ほっと一息つけた、そのころにはもう彼女は疲れ切っていました。

掃除などする気力もなく家はゴミ屋敷状態。とても住める状態ではなくなり、彼女は車中泊を続けることになります。

そんな折に巻き起こったコロナショック。彼女は会社からリストラを食らいました。

新しい仕事を探そうにも、コロナ禍ではそうそう自分に合う求人は見つかりません。

仕事がない。お金がない。税金も払えない。家も差し押さえられた……。

頼れる家族も友達もひとりもいない。そこまで追い詰められて、彼女はインターネットで検索して我々のホームページを見つけてくれて、電話をくれたのでした。

「どうしたらいいかわからない。もう死ぬしかないのでしょうか」

泣きながら、消え入りそうな声で、彼女は私にそう訴えました。

「そんなことはない。大丈夫です」。私は彼女を励まし、生活保護を受けられるよう支援しました。

これは決して、珍しい話ではありません。

今や、日本のどの家庭の、誰にでも起こりうる話なのです。

コロナによって生活困窮者はどうなったか？

失業者の数は「目に見える数字以上」に増えている

総務省が発表した２０２１年２月の労働力調査によると、完全失業者数１９４万人。前年同月に比べ35万人の増加であり、実に13カ月連続の増加となっています。

完全失業者数が増加に転じた「13カ月前」に何があったのか。やはり「コロナショック」です。

コロナによる解雇や雇い止めは、２０２１年4月初旬までに10万人を超えました。観光業・飲食業を中心に、失業者が増えているのが実情です。

ここで忘れてはいけないことがひとつあります。「失業者」として数えられているのはあくまでも、「ハローワークで失業認定を受けた人の数」であるという点です。

前項で例に挙げた女性のように、リストラされてそのまま失意に暮れている人の数は、表には上がってきません。そう考えれば、失業者の数は現実には、統計の1・5倍はいるのではないかと私は見ています。

仕事がないから、お金が入らない。家賃も払えない。

コロナショックによって仕事を失った「住むところがない人たち」が増えているわけです。

完全失業者数の対前年同月増減と完全失業率（季節調整値）の推移

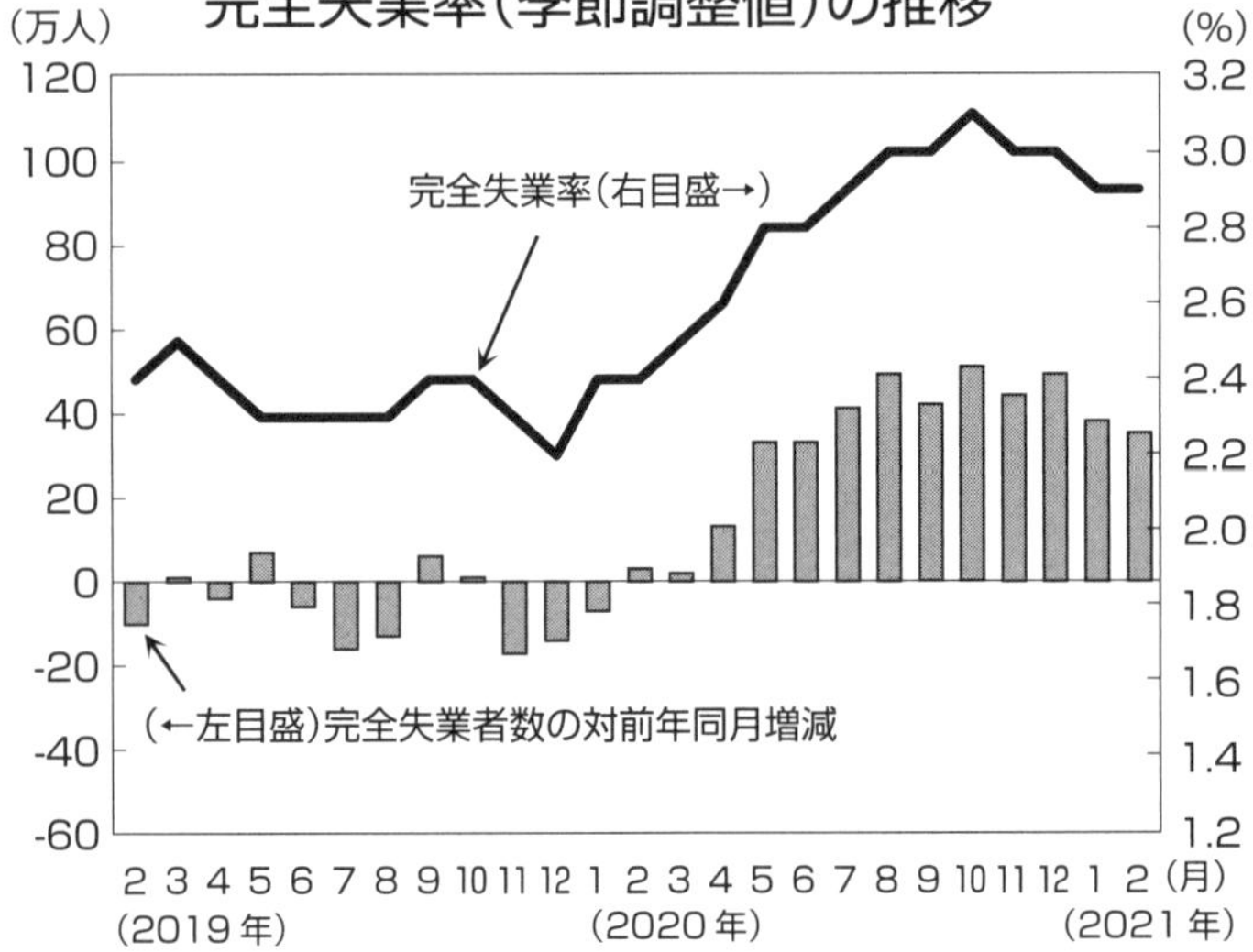

全失業者数

194万人

（完全失業率 2.9%）

前年同月に比べ

35万人の増加

（13カ月連続の増加）

総務省統計局労働力調査（基本集計）2021年（令和3年）2月分

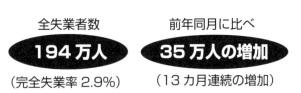

生活困窮者支援は「大家さん支援」でもある

ところで、本当に日本には「住むところ」がないのでしょうか。

そうではありません。

新聞やテレビで「空き家問題」が取り上げられているのを目にした方も多いでしょう。

野村総合研究所が2017年に示したレポートでは、2017年現在の空き家約800万戸が、2033年には2160万戸を超えると記されています。空き家率は30・4%。3軒に1軒は「空き家」の時代が来るというのです。

これは「持ち家」に限った話ではありません。流動性の高い賃貸物件に限定すると、より高い「空き家率」を叩き出すことが容易に想像できます。

つまり、住む家は「余っている」のです。そして、そのために困っている大家さんも多くいるのです。

しかし、家賃を払うお金がないために、住まいを失う人は増え、死まで考えてしまう人が多く出てきている。

なんともいびつな話ではないでしょうか。

私たちが行っている活動は、**生活困窮者に行政のさまざまな支援制度を紹介し、新しい住まいを探すなどの生活補助をすること。**これは、住まいを失い、死をも考えている人に手を差し伸べる活動であるとともに、「空き家に悩む大家さん」と「住まいを求める人」を結びつける活動でもあります。

暗い世の中にあって、関わる誰もが幸せになる活動なのです。

総住宅数・空き家数・空き家率の予測

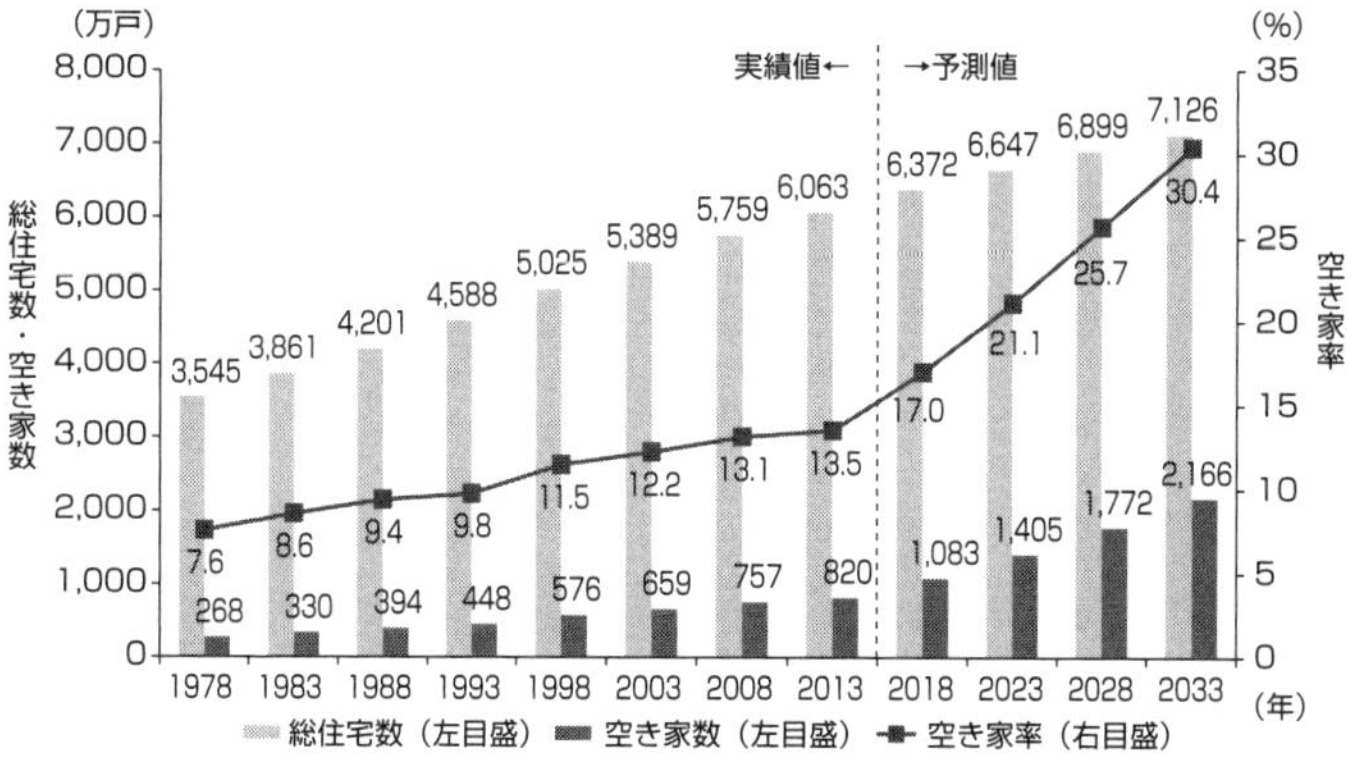

出所）実績値：総務省「住宅・土地統計調査」 予測値：NRI

世帯数の減少と総住宅数の増加に伴って、
2033年の空き家数は約2,166万戸、空き家率は30.4%となる見通し

2017年度版　2030年の住宅市場～空き家率の抑制に向けて、
早急な仕組み作りが必要～（株式会社野村総合研究所）より

NPO法人「生活支援機構ALL」とは？

相談者が「生きる」ために必要な支援制度を紹介

我々の元には、毎月100人を超える人が相談に訪れます。団体を立ち上げて8年。相談者の累計は1万人に上ります。

事務所は、大阪市西成区の北部、あいりん地区のど真ん中にあります。よくテレビで取り上げられる萩之茶屋南公園（通称：三角公園）の目の前です。

場所柄、直接助けを求めに事務所を訪れてくれる人もいれば、府内の各市町村から「役所にこんな人が来ているんだけど、対応できないから相談に乗ってあげてくれないか」と紹介されることもあったりと、相談者はいろいろなところからやってきます。「ビッグイシュー」のようなホームレス支援団体から相談が来ることもあります。

相談を受けた結果、「この人は生活保護を受けないといけないな」と判断したら、生活保護申請に同行します。役所での手続きに慣れていない場合もありますから、申し込みなども手伝います。

なかには、すんなりと「生活保護申請へ」と進むのをためらわれる場合もあります。たとえば、相談者が障害を持っていたり、借金まみれでどうにもこうにも首が回らなくなっている場合です。

その場合は、しかるべき支援制度につなぎます。障害を抱えている方は役所の担当課へ、借金まみれの方は「法テラス」(国が設立した法的トラブル解決のための総合案内所)へ紹介します。

生活保護に限らず、相談者が生きるのに必要な支援制度を紹介するのが我々の仕事なのです。

「住宅確保」だけでなく「生活支援」も行う

生活困窮者を支援する活動を行っていると、よく「貧困ビジネスだ」「生活困窮者を食い物にしている」と誤解されることがあります。

確かに、第3章で述べるように、有象無象の「貧困ビジネス」がはびこっているのが日本の現実です。しかし私たちは、相談に来た生活困窮者からはビタ一文、お金をもらっていません。

ならばどのように運営しているのか。基本的には、政府からいただく助成金と、家主さんからの支援によって成り立っています。

我々の活動は、「相談者に生活保護受給の手続きをサポートし、新しい住まいを探して、それでおしまい」ではありません。照明やガスコンロ、ふとん、衣類など、新生活を始めるための生活支援も無償で行っています。

その資金の源泉はすべて、政府からいただく助成金と、大家さんからの支援ですから、運営は正直、カツカツ。十分な生活支援をし切れているとはいえないのが現状です。

もっと活動の輪を大きくし、政府からより大きな助成を受けられるようにしていきたいと考えています。

今後も生活困窮者はますます増える！

コロナはなくても、日本は「貧困化」が進んでいた

新型コロナウイルスの感染拡大が収まっても、「以前のような世の中」に戻るには、まだ、時間がかかるでしょう。とくに「大勢の人が集まる」ことが前提となって商売が成り立っていた業界では、回復にも時間がかかり、さらなる失業者が出ることも考えられます。

それにともない、**生活困窮者もまた増えるでしょう。**

仮にコロナショックが起きなかったとしても、日本人の生活は決して豊かでは

なかったのが現実です。

1998年は約465万円だったサラリーマンの平均給与は、2008年には約430万円にまで下降しています。2018年は約441万円にまで回復していますが、20年前から比べれば確実に下がっています。

このように平均給与が「横ばい〜やや低下」で推移しているのは、主要先進国では日本だけです。

これでは、万が一のときのために貯蓄をしようにも、なかなか難しいのが正直なところでしょう。

挙げ句、コロナショックのような未曾有《みぞう》の事態が巻き起こったときには、無慈悲に雇い止めを食らってしまう。このような生活が豊かとは思えません。

プライドを捨てて「生活保護」を受けてほしい！

しかし、もしも生活に困窮し、追い込まれたとしても、命を絶つことだけはやめてほしい。

これが私の切なる願いです。

「お金がないから」と死ぬのはもったいない。日本には「生活保護」という、日本人の誰もが受けられるセーフティネットがあるのですから。

せっかくのセーフティネットなのに、生活保護を受けることに抵抗を持つ人は、日本にはまだまだ多くいます。

抵抗を持つ理由のほとんどは、プライドの問題です。「生活保護を受けるくらいなら死ぬ」「生活保護を受けるくらいなら、ヤミ金から借金する」などと、極端に毛嫌いしている人も多くいます。

しかし**生活保護を受けることは、何も恥ずかしいことではありません。**日本人の誰もが与えられている権利です。健康診断を受けたり、選挙に行ったりするのと同じです。堂々と行使すればよいのです。

それでも、「生活保護を受けるのは恥ずかしい」「気が引ける」「周りの目が気になる」と、あなたやあなたの周りの人が考えているのなら、ひとつ提案があります。

「大阪にいらっしゃい」ということです。

大阪には、生活保護の受給者が多くいます。

とくに西成区では、4人に1人くらいは生活保護受給者なのではないでしょうか。それでもみんな、毎日明るく暮らしています。コミュニティのほとんどが生活保護受給者なのですから、それを理由に誰かが誰かをバカにしたり、蔑んだりするようなこともありません。

死ぬくらいなら、まずは大阪に来て、生活保護を受けながら人生を立て直し、再起する。この選択肢を、私は真剣に提案します。

「生活保護を不正受給している人間」は確かに叩かれるべきですが、「切実な事情から生活保護を受けている人間」が叩かれる道理はどこにもありません。

死ぬくらいなら、大阪に来たらええやん。

すべての生活困窮者に対し、私はこう訴えかけたいのです。

第2章

大阪市西成区

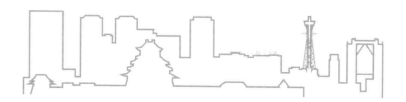

西成のリアル

西成あいりん地区は生活困窮者の聖地だ！

大阪府大阪市西成区の北部にあるあいりん地区は、通称「西成のドヤ街」と呼ばれています。東京都台東区にある「山谷のドヤ街」、神奈川県横浜市中区にある「寿町のドヤ街」と並ぶ、日本の「三大ドヤ街」のひとつです。

「ドヤ街」とは、日雇い労働者が多く住む街のことです。そこかしこに、激安価格帯の簡易宿泊所が立ち並びます。

「ドヤ」は「宿（やど）」の逆さ言葉。「とても人間が住むところではない」と、住人が自虐的に「宿」を逆さまに読んだのが始まりといわれています。

なかでも、路上生活者が多かったり、過去には暴動が起きたりもしたことから、「日本のスラム街」とも揶揄《やゆ》される西成区。しかし、ひとたび腰を据えてみれば、西成の街もそこまで捨てたものではないことが見えてきます。それどころか、生活困窮者にとっては、むしろ「聖地」ともいえる住み心地です。

なんといっても、「この人は生活困窮者だ」「生活保護の受給者だ」という理由で相手を見下さない文化が根付いているのは大きい。

第1章でも述べたように、西成区では4人に1人くらいは生活保護の受給者。誰かが誰かを下に見て偉ぶるようなことはありません。

あいりん地区は、人生に挫折した人々にとっての「最後の拠《よ》り所《どころ》」です。

突然、仕事を失った人間。結婚に失敗し、自暴自棄になった人間。刑期を終えて出所したが、行くところのない人間……。どんな人間でも、あいりん地区は優しく受け入れます。

住み続けるのに、敷金・礼金・保証金はおろか、身分証明書も保証人も必要ありません。格安の料金で、雨風をしのげる「部屋」が手に入るのです。賃金の安い日雇い労働でも、十分に生活していけます。

正午を過ぎたころには早くも、あいりん地区の至るところで酒盛りが始まり、街は活気づきます。

地区のシンボルとなっている三角公園では、レゲエ歌手が歌ったり、炊き出しが行われたりと、毎日、ちょっとしたお祭りのようです。

宿泊所に安さを求める「外国人バックパッカー」の来訪も増え、街のイメージも、かつてとは比べものにならないほどに明るくなりつつあります。

宿泊価格はドミトリーで1300円前後。ほかの東南アジアの国々のゲストハウスと変わらないほどの安値で、あいりん地区に偏見のない外国人はこぞって訪れるのです。

夜になると、あいりん地区の住人たちの飲み会に外国人も混ざり、街は不思議な雰囲気に包まれます。

コロナの影響で外国人観光客の姿はなくなりましたが、落ち着けばまた、活気を取り戻すでしょう。

「誰をも受け入れる街」でも受け入れがたい人間とは?

ただ、あいりん地区は「光」ばかりが当たっている街ではありません。「闇」を抱えている部分が多いのもまた事実です。

あいりん地区は「誰をも受け入れる街」。住民たちも温かく迎えますが、あまりにも不遜な態度で街に踏み込まれると、やはりトラブルは巻き起こります。

「誰をも受け入れる街」だけに、あいりん地区には「今まで住んでいたところには居場所がなくなった人」もたくさんやってきます。

いわれのない誹謗中傷やいじめで嫌われ、「大阪でやり直そう」と決意して来る人も多いのですが、本人の行動に問題があって嫌われてしまった場合は、あいりん地区に居を移したところで、やはり嫌われてしまいます。

具体的には、知人のお金を盗む癖があったり、お酒が入ると暴力的になったりするような人です。

生活困窮者に住居を紹介する仕事をしていると、たまに残念な事例に出くわします。

生活困窮者が生活保護を申請しても、受給できるのはそこから1カ月後。行政から入居費用までは出ませんから、私たちが住居を紹介しても、生活困窮者は初月の家賃を払うことができません。

そこで、大家さんのご厚意で、「生活保護が下りたら払ってね」という「後払い方式」を採用していただくこともあります。

しかし生活保護が下りた途端、そのお金をまるまる持って逃げてしまう人も、なかにはいるのです。

おそらくその人は、これまでも、約束を守らなかったり、お金に目がくらんで不正を働いたりといった人生を歩んできて、結果、あいりん地区にたどり着いたのでしょう。行方は知れませんが、「誰をも受け入れる街」といえど、住人たちと馴染《なじ》むのは難しかったのではないかと想像します。

お酒のせいか、何かと騒がしい……

また、昼間からお酒を楽しむ人が多い分、この街は喧嘩も多いのが玉にキズです。

一昔前は「歩いているだけで喧嘩を売られる」なんていうことも少なくありませんでした。あいりん地区にも馴染めない「はみ出し者」が道ばたでひとりで酒を飲み、通りがかる人ひとりひとりに喧嘩を売っていたのです。

今ではそのようなことは減りましたが、やたらともめ事を起こしている人が多いのは事実です。お酒が入っているため、どうしてもお互いに、気が大きくなってしまうのでしょう。

賑やかでありながら、人格者が集まるわけでもなく、何かと騒がしい街。それが西成区あいりん地区なのです。

「西成行き」への支援も広がっている

それでも、あいりん地区には日々、いろいろな地域から生活困窮者が集まってきます。

全国の行政でも、自分たちの地域で手が回らない生活困窮者には、「西成までの片道切符代を提供する」という取り組みをしているところもあるくらいです。

大阪府は、47都道府県の中で最も多く「居住支援法人」が存在しています。それだけ、生活困窮者を支援する体制が整っている地域ということです。私が「大阪に来たらええやん」と訴えるのは、ここにも理由があります。

そして全国の行政でも、「大阪に行ったらええやん」と考える部分がどこかにあるのでしょう。これは決して「他人任せ」という意味ではなく、「体制が充実している大阪に行ったほうが、結果的に生活困窮者も幸せになれる」という意味です。


私もかつて、ある県のある市役所から「生活困窮者が大阪に行きたいと言っている。こちらとしても、どうにか大阪に行かせてやりたいんです」という要請を受けたことがあります。

「電車賃はどうするんですか？」と聞いたら、「ウチ（市役所）が出します」と答えます。そして実際、市の支援によって西成に来たある生活困窮者は、今度は私たちの支援によって生活保護を申請し、住まいを借り、新しい生活を始めました。

本人の希望があれば、西成への移住を支援する動きも増えつつあるのです。

西成の「包容力」が生活困窮者を惹きつける

行政に片道切符をもらってまで、生活困窮者はなぜ、西成に来たいと思うのか。

一言で言えば、それはやはり、「西成に行けば、自分も受け入れてもらえる」と考えるからでしょう。

どれだけ生活が貧しくても、**「自分の居場所がある」というだけで、人は明るく生きられます。**

新しく居場所を求める誰をも、温かく受け入れ、見下さない。

居場所を失った生活困窮者たちは、西成の「包容力」に惹かれ、この地を目指すのです。

怪しい支援団体

大阪には、生活困窮者を支援する多くの団体が活動しています。心強い限りですが、なかには「怪しい」支援団体も現実には存在します。俗に言う「囲い屋」「拾い屋」といった面々です。

「囲い屋」「拾い屋」の手口

「囲い屋」「拾い屋」とは、ホームレスをはじめとする生活困窮者に「住居を提供するよ」「仕事を提供するよ」と声をかけ、生活保護を申請させて、その生活保護費を奪い取る人たちのことを指します。

もちろん、用意される住居も仕事も、劣悪な環境であることがほとんど。「日当1万円」などと謳《うた》っておきながら、うち8000円相当を「囲い屋」「拾い屋」が「寮費」「食事代」などとさまざまな名目をつけてピンハネし、本人の手元に残るのは2000円だけといった話もザラです。

「話が違う」と引っ越そうにも、その日暮らすのもやっとのお金しかもらえない生活困窮者たちは、引っ越しなんてできません。結果、泣き寝入りし、そこで働き続けるしかなくなるのです。

その中でも、勇気を出して「囲い屋」「拾い屋」から逃げ、私たちに助けを求める生活困窮者も少なからずいます。私たちは彼らを全力で守ります。

「囲い屋」「拾い屋」は誰に目をつけるか

「囲い屋」「拾い屋」は、大阪では、なんばや梅田といった街中の、ホームレスの多いスポットをふだんから見張っています。

そこに現れる「ホームレスの新顔」に目をつけるのです。

リュックサックを背負って、どこに居を構えようか右往左往している、挙動不審な人は、「ホームレスの新顔」の可能性大。「どうしたの?」「住むところないの?」「住居を提供するよ」「仕事を提供するよ」と優しく声をかけ、毒牙にかけます。

生活支援を求める場合は、道ばたで出会った人を頼るのではなく、まずは公的な機関に訴えることをおすすめします。

もちろん私たち「生活支援機構ＡＬＬ」でも、いつでも相談を受け付けています。

第3章

生活困窮者のリアル

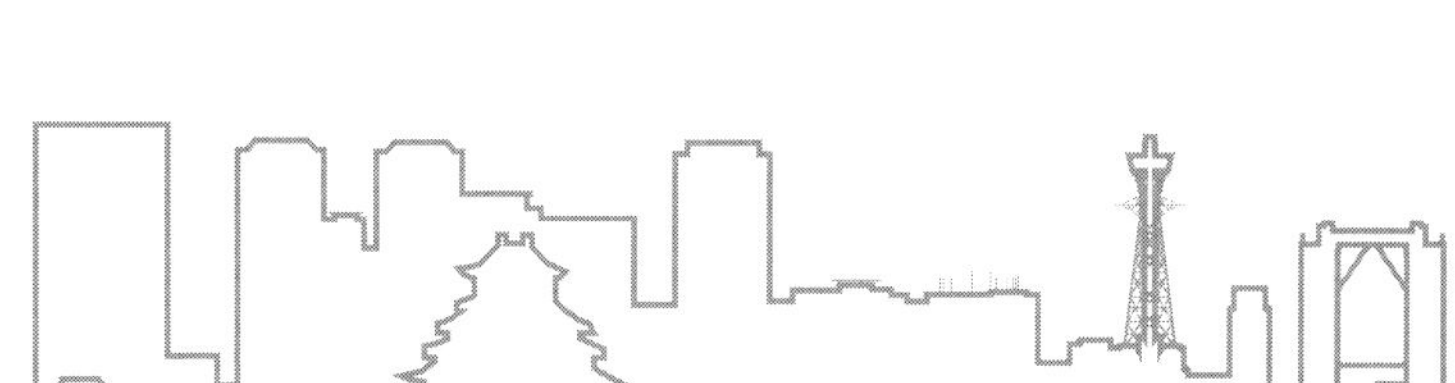

「生活困窮者」ってどんな人？

失業者

一口に「生活困窮者」といっても、その内情は実にさまざまです。
2017年の1年間、「生活支援機構ALL」に相談に訪れた人の年齢別統計を見ると、40～50代が56％と圧倒的多数を占めています。続いて20～30代の31％が第2位。合わせると20～50代の、いわば「働き盛り」の世代が全体の87％を占めているのです。コロナショック以降、この割合はさらに増えているという実感があります。

働き盛りで「生活困窮」とは無縁に思えた世代の人たちが、ある日突然、仕事を失い、収入が途絶える。払うべきものが払えなくなり、家を追われ、社会から弾かれる。この構図が鮮明に浮かび上がってきます。

障がい者

「働き盛り」の世代とともに、相談者の中で目立つのが、障がい者です。

２０１７年に訪れた相談者のうち、約26％が障がい者でした。

たとえば、障害を持っている成人の子どもを親が世話していたとして、その親が他界してしまったら、その子はどうやって生活していくのか。想像すると、生活困窮者における障がい者が占める割合が大きいのもうなずけます。

お金が潤沢にある家であれば、施設に預けたうえで「家族信託」を利用し、「自分たちが死んだら、このお金でこの子を見てあげてください」「この子は海外旅行が好きだから、年に1回、ハワイ旅行に連れていってあげてください」という遺言も残せるのですが、普通の家庭ではなかなか難しいでしょう。

それでも、重度の障害の場合は、国が支援するセーフティネットが充実しているため、なんとか生活していくことができます。問題は、障害が軽度の場合。自身も障害を自覚しにくいうえ、行政に訴えてもなかなか認められないことが多く、苦しみながら、社会生活にも馴染めずに、結果として生活困窮者になってしまう人も少なくないのです。

見た目は健常者そのものなのに、実は障害を持っている。そのような人は意外と多くいます。

発達障害、精神障害、知的障害といった障害の場合です。

なかでも、発達障害への理解が進んだのはここ数年の話です。今なら、幼稚園や小学生の段階で「ちょっと疑わしいな」と感じたら病院に連れていって障害があるかどうか診てもらうことも珍しくなくなりましたが、昔はそのようなこともなかったでしょう。50代以上の人たちの中には、明らかに障害を持っているのに、見過ごされてきた人も少なからずいると私は考えます。

ただの「言動や思考がちょっと変わった子」として学生時代を過ごす。そのまま社会に出て仕事をしても、コミュニケーション能力に乏しいからうまくいかない。そうかといって、人とあまり関わらない仕事をしてもうまくいかない。職場で「あいつなんやねん」と浮いてしまって、結果として退職に追い込まれる……。

こうして失業者となり、生活困窮者になってしまったというのが、発達障害、精神障害、知的障害を持っている生活困窮者の一般的なパターンです。

問題なのは、自分自身が「障害を抱えているために、いろいろうまくいかない」と自覚できていない場合です。

かつて我々に相談に来たある生活困窮者がいました。

見た目だけでは気がつかなかったのですが、話をしてみると、話題が急に違う方向に飛んだり、突如怒り出したりします。

これは……と感じ、「あなた、おそらく病気ですから、障害者手帳を申請してみたら」と勧め、申請を手伝ったら、本当に障がい者と認定されました。本人も「そうか、自分は障害を持っていたから、いろいろなことがみんなのようにできなかったんだ」と腑に落ち、すっきりした様子でした。


自覚のない「隠れた障がい者」は、日本社会の中にたくさんいて、彼らが生活困窮者となっている。これは確かです。

私自身の学生時代を振り返っても、何の脈絡もなく急に怒り出してカッターを振り回したり、授業中に先生に当てられても休み時間になっても、一言も話さなかったりするような子がいました。

もっとも、彼らが何らかの障害を持っていたかどうかはわかりません。ただ仮に、彼らが障害を持っていて、本人に自覚がなく、周りも「変わった子」で片付けて見過ごしていたとしたら、彼らはそのまま社会に出て、健常者と同じ扱いをされるわけです。仕事ができなければ、「お前、こんなんもできんのか、アホかボケ」とけなされます。会話をしても噛み合わず、「お前アホやろ、話できへんわ」となったら、コミュニティから弾かれます。

本人がどれだけ頑張っても、社会に溶け込めず、生活が困窮していく。それだけでなく、精神的にも疲れ切り、生きる希望をも失ってしまう。「隠れた障がい者」は切実な問題です。

我々が障がい者支援事業に大きな力を入れているのは、これが理由です。

DVから逃げてきた女性

そのほかに多いのが、「家族のDVから、着の身着のまま逃げてきた」ケースです。

自分の身を守るため、隙を見て家を飛び出て「後をつけられているのではないか」と怯《おび》えながら必死に逃げてきたわけですから、住まいのあても、仕事のあても、生活のあてもあるはずがありません。

DVは「肉体的な暴力」とは限りません。言葉による「精神的暴力」もあれば、無理矢理借金を背負わせるなどの「金銭的暴力」もあります。

ひとりの若い女性が、ある男から逃げ、我々の元に駆け込んできました。旦那さんがひどい人で、借金で生活を立てていて、自分の名義で借金ができなくなったため「お前、金借りてこい」と彼女に無理矢理お金を借りさせ、彼女も借金できなくなったらスパッと離婚。彼女には借金と娘ひとりが残りました。

やむを得ず実家に帰ったのですが、なにせ大きな借金を抱えて帰ってきたわけですから、やはり居心地はよろしくない。そこでまずは借金を返そうと、実家で子どもの面倒を見てもらい、彼女は夜の店で働き出しました。

ある程度生計を立てられるようになったころ、お客さまのひとりである、「ビットコインで儲かった」という羽振りのいいおじさんにかわいがられるようになります。おじさんは「よし、家も借りたる」と、家賃二十数万円のタワーマンションを借りてくれ、子どもと一緒に暮らし始めました。おじさんには妻子もいましたから、いってしまえば「愛人」として囲われたということになります。毎月、生活費ももらい、不自由のない暮らしがしばらく続きました。

しかし、ある日突然、そのおじさんは「事業で海外に行くから、もう支援できない」と、関係の打ち切りを突きつけます。「あとは自分でどうにかしなさい」と言われ、彼女はまた、路頭に迷うことになります。

するとたどり着く先はもちろん、夜の店しかありません。

ある日、仕事の疲れを癒やそうとバーでひとり飲んでいると、近くで働いているホストに声をかけられます。

彼女はそのホストと付き合い、一緒に住むことになるのですが、このホストもまた、ＤＶがひどい男でした。

毎日殴られ、風俗で稼いだお金も奪い取られる日々。「危ないから」と子どもを実家に帰すと、ＤＶはさらに激しさを増しました。

地獄のような日々が続く中、住んでいるマンションの管理会社から「家賃を払ってください」という電話が入ります。

家賃はホストと彼女が折半で払う約束で、彼女は家賃の半額をホストに渡していました。しかしホストは家賃を払うことなく、彼女からもらったお金も遊びにつぎ込んでいたのです。

「なんで家賃払ってないの？」と彼女が指摘すると、ホストは逆上。ボコボコに彼女を殴りつけ、彼女は病院に運ばれました。

当然、警察沙汰となります。ホストは逮捕されました。

それでも、彼女はこの生活から解放されたわけではありません。

ホストがすぐに外の世界に戻ってくるかもしれない。すると仕返しされるかもしれない。その前にお金がなく、家賃も払えない。今度こそもう、行くあてがない……。彼女はわらをもつかむ思いで、私たちの元に駆け込んできたのでした。

顔はまだボコボコ。家に行ってみれば、床には血が溜まり、壁には彼女の頭がガンガン打ち付けられた跡が生々しく残っています。

その環境の中、家具だけはなぜか豪華です。かつて「羽振りのいいおじさん」から買い与えられた高級家具がまだ残っていたのです。なんとも複雑な気持ちになりました。

その後、我々のほうで支援させていただき、彼女は元気に暮らしています。ちょうど先日電話が来たのですが、穏やかな声なので、安心しました。

薬物依存症

薬物によって人生を壊してしまった人も、生活困窮者の中には多くいます。

ある日、我々を訪ねてきたのは、一見、ごく普通の男性でした。私たちは彼に対し、ほかの相談者と同じく、新しい住まい探しと生活保護申請の手伝いをしました。

それから数週間がたったころ、私の元に大家さんから連絡が入りました。「よく彼女を家に連れてきているのだが、うるさすぎて周りの住民からクレームが出ている」と言います。

しばらく様子を見ていると、そのマンションで大きな事件が起きました。マンションのエントランスのガラスが割られてしまったのです。

先にタネを明かせば、犯人は彼です。鍵をなくしてしまい、それでもなんとか家に入ろうと、外からガラスを割って中に入り、家の中にいる彼女に鍵を開けてもらって、自宅に入ったのです。

マンションの大家さんは最初、「泥棒か」と思い、警察を呼ぼうかと考えました。しかしよく見ると、割られたガラスの下には血が溜まっており、その血はポタポタと、ある部屋の前まで続いています。

犯人はどう考えても「この部屋の住人」だ。大家さんがインターフォンを押すと、手が血だらけの「彼」が出てきました。

状況証拠は揃っている。それでも彼は、平然としらを切ります。家の中にいた彼女のほうも、同じくしらを切ります。

大家さんもさすがに頭にきて、「そもそも家賃も滞納しているし、騒音で周りの住民からのクレームも出ている。そこへきて、こんな事件も起こす。どういうつもりだ」と問いただすと、彼は「オレじゃないって言ってるだろ！　家賃だって払うわ」とわめき出しました。

大家さんは、これでは収拾がつかないと思い「また来るからな」と言っていったん、引き下がりました。


翌日のことです。

このマンションの近くで銀行強盗事件が起きました。

武器は包丁ひとつ。それも単身で乗り込むという原始的な強盗だったので、犯人はすぐに捕まりました。

その犯人は、彼でした。

警察からかかってきた電話で、私はことの顛末を知りました。

警察が彼の部屋に踏み込むと、たくさんのシャブがあったといいます。

「めっちゃシャブ持ってるんだけど、坂本さん、知ってた？」と警察は聞きます。

「いやー。鍵をなくしてマンションのガラスを割ったりという変なことを起こしたばかりだったのですが、本当にシャブをやっているとは思いませんでした」と私は答えました。

彼女のほうもシャブ中毒で、彼氏が騒ぎを起こしたのを察知してすぐに逃げたようです。

一見、普通に見える人の中にも、薬物依存症の人はいるのだと、気を引き締めた事件でした。

「何か」に追われている人

ひとつ、私の心にチクチクと刺さり続けている、忘れられない事例があります。

19時ごろ、ひとりの男性が突然、我々の元に駆け込んできました。

あいにくその日はもう、ほかの相談者の支援で予定が埋まってしまっていました。

「明日の朝イチで来てくれ。絶対に相談に乗るから」と、その日は彼を帰しました。

しかし翌日、彼は相談に来ませんでした。

数日後になって現れたのは、彼ではなく、警察です。

「この人、ここに来たでしょ」と写真を見せます。

「ああ、確かに来ましたけど、すでにほかの相談者の対応で手一杯で、『次の日の朝イチに来て』ってお願いしたら、それっきり来なかったんですよ。どうかしたんですか?」と聞いたら、警察は答えます。「神戸港に浮いていました。ポケットに『生活支援機構ALL』の名刺が入っていたんです」と答えました。

彼はおそらく「何か」に命を狙われ、追われていたのでしょう。

私は激しく後悔しました。もしもあのとき、無理してでも彼の話を聞き、住居を確保してあげていたら、生き延びられていたかもしれないのです。


この一件以降、私は「犯罪者でも、薬物依存症でも、絶対に相談に乗る」と、改めて覚悟を決めました。

生活に困っている人は誰でも、当機構の門を叩いてほしいと願います。

「相談に乗りきれなかった」のはどんな人か

警察嫌いの元ヤクザ

誰が相談にきてもいい。前項で私はそう述べました。

ただし正直に告白すれば、最後まで相談に乗りきれなかったことも、ゼロではありません。その事例をあえて、ここに記します。

ただ、逆にいえば「ここまで極端な事例でなければ、誰でも相談できる」ということでもあります。どちらかといえば、「自分は相談に行っても大丈夫なんだ」と安心するために読み進めてください。

ひとつ目の事例は、元ヤクザの男性です。

我々の元に相談に訪れたとき、彼には中国人の奥さんと子どもがいました。しかし子どもは、出生届を出していません。

男性は日雇いのアルバイトをしています。生活保護の受給を勧めましたが、「そんなものは受けない。住居さえ紹介してくれたら、家賃はしっかり払う」と聞き入れません。

そこで発覚した事実がひとつあります。彼は、電気も水道も住居も「自分の名義で契約できない」ことです。過去に「何か」があるのです。でも話してみると、生活を再建するのだという強い意志を感じます。私は「よし、わかった」と、当機構名義で電気や水道、住居の契約をすることを許可しました。料金はもちろん、その男性に請求する約束です。

しかし彼は、約束を破り、家賃を滞納しました。

「いきなり約束を破るのか。どういうことや！」。私が彼の家に駆けつけると、奥さんが玄関に出て対応します。しかし彼女は中国人。私の言っていることはよくわかりません。子どもは、鬼の形相の私を見て「ギャー」と泣き出します。するとと奥から、「すみませんでした……」と申し訳なさそうに彼が出てきました。

「すみませんでしたちゃうやろ。家賃払われへんなら払えそうにないって、まず連絡くれ。そのまま黙って、何の連絡もなしに払わへんってどういうことやねん」

私は思いの丈を彼にぶつけました。すると彼は「ぼく、元ヤクザなんです……」と打ち明けたのです。

生活保護を受けないのも、決して「プライドの問題」ではなく、辞めたばかりで「足」がつくのが心配だったのだといいます。

話はわかりました。しかし、自分の名義でもろもろの契約ができない事情もくみ、できる限りの手助けをしたのに、それを踏みにじる行為をしたのは許せない。私が改めて「裏切られたのは悲しい」と告げると、彼は土下座をしながら謝ってきました。

それ以降、家賃の滞納はなくなったのですが、ある日、急に彼から電話がかかってきます。

「警察署から呼ばれている。一緒についてきてください」というのです。

聞けば、家賃の滞納をして私が叱ったときにはもう、奥さんのお腹の中には第2子がいたようです。

その子がいざ生まれるとなり、救急車を呼んで近くの産婦人科に運んだが、金がない。子どもが生まれたその日のうちに奥さんと子どもを引き取って家に帰ったのですが、病院から警察に連絡がいき、呼ばれたとのことでした。

私と一緒に警察に行くと、「坂本さんはここで待っていてください」と制され、彼だけが部屋の中に入っていきます。

ほどなく、中から「離せコラ！」と彼の声が聞こえてきます。取っ組み合いになっているふうでもなく、彼だけが一方的に暴れているようです。

「うわー。暴れてしまっているな。心証悪いな」と感じた私は、警察の方に「私が中に入ったら彼を落ち着かせることができますけど、どうでしょう」と提案しました。

警察の方はすんなり受け入れてくれました。

「おいこら。警察署で何暴れとんねん。話聞かなアカンやろ」

私がたしなめると、彼は「こいつら、この紙にサインせぇと言う。でもおれがサインして帰った後でこいつら、絶対に何か書き足すに決まっている。絶対にサインしない」と言います。

その「紙」とは、「自分が反社会的勢力であり、ここの組の所属だった。しかしこれを機に破門してくれ。そして今後、一生、関わらないでくれ」という内容の書類でした。新しく人生をやり直そうとしている彼にとって、決してマイナスではない、むしろこれ以上なくありがたい書類です。

「お前アホやな。これ、めっちゃありがたい書類やで」

私は彼を落ち着かせようとしましたが、今度は「組を辞める、辞めないで警察の世話になんかなるか。警察の世話になるくらいなら死ぬ」と言い出します。

どうやら警察嫌いの彼は、身辺をきれいにするにあたって警察のお世話になるのが耐えられなかった、ただそれだけのようなのです。

これではらちが明かない。私が「書類はもういいでしょう」と警察の方に提案すると、彼が警察に呼ばれたのはそれが本題ではないといいます。

生まれたばかりの赤ちゃんの問題です。

彼は「病院には分割でもしっかり払う」と意思を告げました。

しかし問題は「お金」だけではありません。

出生届はどうするのか。そもそも第1子も出生届を出していない。奥さんとの籍も入れていない。奥さんの国籍もはっきりしない。奥さんは不法滞在ではないのか……。

結局この話も、問い詰めるうちに彼がまた暴れ出したので、後日改めてという話になりました。

しかし彼と奥さんはその後、忽然《こつぜん》と姿を消してしまいました。

彼も奥さんも、いい年の大人ですから、どうにかして生きていくことはできるでしょう。

心配なのは子どもです。学校にも行けません。その後、どのような生活を送っているのか……。今でも気になります。

最善を尽くしたとはいえ、最後まで相談に乗りきって、救うことができなかったのは事実。私の心にはいつまでも残り続けるエピソードとなっています。

脱北者

続いてもディープな事例。「脱北者」です。

相談者はもちろん、自分から「脱北者です」なんて名乗りません。私たちも全然、「脱北者だ」なんてつゆとも考えずに相談に乗っていたのですが、どうも日本語が下手すぎる。片言どころではなく、ほとんど話せないレベルです。

はじめは、「障害を持った人なのかな」と思いました。今までどこにいたかもわからない。何を聞いてもわからない。わかっているのは、とにかく「生活できない」ことだけです。

それでも、生活できないことは事実だから、生活保護を申請してみよう。私は居住支援をし、生活保護を申請しに行きました。

すると、同行したケースワーカーが何かを察知したようです。その相談者は韓国系の人ではないかと、ケースワーカーがあるハングル文字を見せたところ、相談者の目つきが変わりました。

ケースワーカーは私に告げます。「坂本さん、これ、無理にでも生活保護を申請したら、困るのはおたくらですよ。この人、たぶんですけど、脱北者ですよ」。その瞬間、相談者は「ダッポクシャ」という言葉にも反応を見せました。そして一目散に逃走しました。

私たちは呆気《あっけ》にとられました。これもひとつの「救えなかった事例」です。

頑《かたく》なにハローワークに行かない人

救いたくても救えなかった事例。最後は「頑なにハローワークに行かない人」です。

私たちがこれまでの経験上「絶対に生活保護を受けられますから、ハローワークに行ってください」と勧めても、頑として聞かない。行かない。これでは残念ですが、救いようがありません。

救いを求め、その救いに手を差し伸べているのですから、その手をはねのけるようなことはやめてもらいたいのですが、「生活保護を受ける」ことに抵抗のある人は、まだまだ多いのが現実です。

崩壊寸前だったある家族の話

おじいさん、おばあさんの年金で暮らしていた6人家族

生活保護を受けることで人生が好転した事例は枚挙に暇がありません。

おじいさん、おばあさんの年金・月6万円で生活している6人家族がいました。おじいさん、おばあさん、その子ども夫婦、そして孫2人の6人です。子ども夫婦のうち、奥さんはもともと知的障がい者で働けない状態。旦那さんも仕事中の事故が原因で障がい者となってしまい、働けなくなってしまったのです。

ただ、月6万円で6人が暮らすのはやはり難しい。電気・ガス・水道料金すべて払えなくなり、やがて電気とガスは止められ、家賃の滞納も続きました。退去

を求められたところで、生活保護の申請に行きました。

しかし役所の窓口でこの家族は「次の住居が決まってから相談に来てください」と門前払いを食らってしまいます。そもそも、次の住居を決めるだけの金銭的・時間的・精神的余裕があったら生活保護を申請しに来ないわけですが、この問題点については後の項目に譲ることにしましょう。


この家族はこれまで、ひとつのパンを6人でちぎり合ってチビチビと食べながら、なんとか生活してきました。

ガスを止められていますから、お風呂にも入れません。着替える服もありません。「くさい、くさい」といじめられ、子どもたちは登校拒否になりました。

その状態になってようやく行政に助けを求めたのに、門前払い。

心が折れてしまった家族の頭には「一家心中」という言葉がよぎりました。

そこでなんとか、我々の存在を知ったこの家族は、「最後の頼みの綱」として、電話をかけます。

「一家心中しようと思っています」

第一声。震えた声で、旦那さんがこう言いました。「もう死ぬしかないです」。声の調子から、本気であることがありありと伝わります。

私はさすがにまずいと思い、「今から迎えに行きます、住所を教えてください」と告げ、その場に飛んでいきました。

一時的な「別居」に活路を見いだす

なんとか家にたどり着き、話をすることができました。

ただ、家族からはただならぬ異臭が放たれています。「やはり、一家心中を考えるところまで追い詰められているのは本気だ」。私はそう感じました。

「私が同席しますから、もう一度、生活保護を申請しましょう」。こう提案しましたが、おじいさんは「もうあの役所には行きたくない。あの役所からは生活保護を受けたくないし、面倒も見てもらいたくない」と言います。

ギリギリの状態で助けを求めに行ったのに、門前払いを食らった。一家は「行政不信」に陥り、心を固く閉ざしてしまったのでした。

「ならば」と私は、他地域への転居を模索することにしました。

おじいさん、おばあさんはまだ年金の収入がありますから、2人だけならなんとか暮らせます。一方、夫婦とその子ども2人は生活保護を受けるしかない。そこでいったん、別々に暮らすことにし、それぞれに新しい住まいを紹介することにしました。

「年金」にしがみつくのは損。生活保護を有効活用せよ

さて、おじいさん、おばあさんには確かに、年金収入がありました。

しかし月6万円ではやはり心もとない。そこで私は、おじいさん、おばあさん夫婦の年金を止め、こちらも生活保護を受けられるよう支援をしました。「年金収入があるのになぜ、生活保護を受けさせるんだ。税金の無駄遣いではないか」。このような声もあるかもしれません。

ただ実際、「年金をもらっているために生活保護を受けられない」「年金をもらっているといっても、医療費ですぐに消えてしまう。年金をもらっていても生活できないんです」という高齢者の相談が後を絶たないのも事実です。

結局、年金で生活できている人は、「現役時代にしっかりとした会社に勤めていた人」だけなのです。国民年金しか受給していない人は、年金額なんて微々たるものです。それなのに「あなたは年金をもらっているから生活保護は受けられません」では、「死ね」と言っているようなものです。

解決策としては、まず年金の受給をストップする。そのうえで、生活保護を申請する。すると、医療費が無料になったうえで、住宅扶助と生活扶助を受けられます。なんとか生活できるようになるわけです。

これは生きるための「正当な権利」です。

登校拒否の子どもたちが「学校の人気者」に変身

これでおじいさん夫婦は一段落。残るのは、子ども夫婦と、孫2人です。こちらはほかの多くの相談者と同様、生活保護の受給を手助けしました。あくる年のお正月。この家族から、年賀状とともに長い手紙が届きました。

「みなさんのおかげで、本当に助かりました。一時はみんなで死のうと思っていたのに、今こういうふうに穏やかに暮らせているのはあなたたちのおかげです。登校拒否だった子どもたちも普通の生活ができるようになり、『学校が楽しい』と笑顔で言ってくれます」

あまりにも素敵なお手紙に、担当したスタッフともども、私も涙を流してしまいました。

子どもたちの担任の先生からは、「この子はムードメーカーなんで、このクラスに必要な人材です」と嬉しい言葉をもらっているようです。

出会いから４年。毎年変わらず、幸せな生活ぶりがうかがえる年賀状を送ってくれます。

子どもたちは私のことを覚えていて、ヒーローと呼んでくれているそうです。

小さいころから仮面ライダー1号の本郷猛に憧れていた私は、みんなのヒーローになることをずっと夢見てきましたが、思わぬかたちで夢が叶いました。

堂々と生活保護を受けよう！

生活保護は「受けなければならないもの」である

一家心中寸前だった家族も、生活保護によって救われます。
生活保護を受けるのは、何も恥ずかしいことではありません。

本章の冒頭で、「生活支援機構ＡＬＬ」に相談に訪れた人のうち、20～50代の「働き盛り」の世代が全体の87％を占めていると述べました。つまり、今はバリバリ働いている人でも、誰もが突如、仕事を失う可能性があり、誰もが生活困窮者になる可能性があるということです。

「生活保護を受けるのが嫌で死ぬ」なんてことがあってはなりません。**生活保護**

は、国が用意した、社会復帰のための最後のセーフティネットなのですから。

私はむしろ、**すべての生活困窮者は「生活保護を受けなければいけない」**と考えます。

生活が困窮し、食べるものや住む場所がなくなっているにもかかわらず「生活保護を受けたくない」と主張する人の中には、「国のお荷物になるのが嫌だ」と考えている人も少なからず存在します。

しかしその考え方は、「逆」です。

コロナ禍のせいで社会全体の収入が下がっている今こそ、生活保護をしっかり受け、安定的な収入を得て、そのお金を、食費や衣類、お店に使う。するとそのお店の収入が増えて、雇用が増やせたり、給料を上げられたりします。

国の税収は増えますし、国全体としては雇用も増えます。つまり、生活保護を受けることによって、自分と同じような境遇で苦しむ人たちを助けることにもつながるのです。

一方、生活に困窮しながらも生活保護を受けないと、何が起こるか。社会にお金が回らなくなりますから、景気が回復するのが遅くなり、同じような境遇の人たちを増やすおそれがあるわけです。

生活困窮者が生活保護を受けることは、この国にとっても必要なことなのです。そして、いずれ生活困窮者がその困窮から脱し、社会復帰できるようになったとき、また「納税者」というかたちで社会に貢献すればよい。

セーフティネットの間口を広げたい。これが私の思いです。

ぜひ、大阪に来て、私たちを訪ねてほしい。心の底からそう願います。

大阪に来て、私たちの窓口にたどり着きさえすれば、人生はなんとかなります。

「生活保護受給者が増えたら日本はおしまいだ」なんてことを言う人もいます。生活保護というのは、日本の税金を日本人に使う制度です。国内のお金は減らずにすみます。国の中でお金を回しているのだから、日本経済はむしろ健全な方向に向かっていく。私はそう考えています。

生活保護制度の問題点とは？

「住所がないと相談すらできない」という誤解

先ほど、一時は一家心中を考えながら、生活保護を受けることでなんとか再起し、登校拒否だった子どもたちが一転、学校の人気者になったという話をご紹介しました。

この家族が一家心中を考えたきっかけは、生活保護の申請に行った役所の窓口で「次の住居が決まってから相談に来てください」と門前払いを食らったことでした。

この対応は、役所の怠慢だと言わざるをえません。なぜならば、「住所がなくても生活保護は受けられる」からです。

そもそも、「住居がないから困っている」わけです。住居がないと何もできないセーフティネットなんて、何の意味もありません。「住居がない」。ただそれだけでその人は、「最底辺」ではないのですから。

「生活保護を受けたいです」と相談に来ているのに、「無理です」と突っ返してはいけない。相談を受ける立場の人間が、しっかりとした志を持ち、法律に則って話を聞いてあげないといけないのです。


改めて述べますが、「住所がなければ生活保護を受けられない」は誤解です。

たとえば、西成でホームレスをしている人が、家が借りられないままに生活保護を申請しようとした場合、自分が実際に寝泊まりしている西成の自治体に出向けば、「生活保護の申請をしたい」と相談することはできます。すると自治体が部屋を用意したり、「あそこのシェルターに行きなさい」「ここの寮に行きなさい」と案内しながら、そこで生活保護を受けられるよう手配することもできるのです。

確かに、いずれは住居が必要になります。しかし住居がなくても相談はできますし、安い部屋へつないでもらうことだってできます。

なのに、そこまでつながない行政も多い。大きな問題です。

ちなみに、住民票は兵庫県に置いているけど、今、現実には大阪府でホームレス生活をしている場合でも、大阪府の行政で生活保護の相談をすることはできます。

相談は「住民票を置いている場所」だけでなく、「今、生活している場所」でもできるのです。

人によって対応を変える窓口もある

生活保護の申請にあたって、行政の窓口がなかなか融通を利かせてくれないのは「窓口に立つ人の勉強不足」のみならず、行政の上のほうから「生活保護を受けに来た人間は、いったん追い返せ」という教育を受けている可能性すらあります。

なぜ私がそう感じるのか。

生活困窮者がひとりで生活保護を申請しに行ったときには、なんやかんやと偉そうな能書きを垂れられて、「もっと就職活動しなさいよ、それでもだめやったらまた来てね」とつっけんどんに追い返され、「そんな追い返され方をしたのか」と私が同席したときには、すんなりと生活保護の申請用紙を出してくれる。このようなことが現実に、何度もあったからです。

ひどいのは、生活困窮者に「生活保護の申請をしたけど、通らなかった」と誤解させてあきらめさせる行政も多いことです。

たとえば、生活保護の申請をしに、行政の窓口に行ったとします。

窓口の人と二言三言話して、帰された。これは決して、「生活保護の申請をしたけど、通らなかった」わけではありません。「生活保護の申請をさせてもらえなかった」だけなのです。

生活保護の審査は、窓口の人が単独で行うわけではありません。窓口の人にどれだけ文句を言われようが、とにかく「生活保護の申請用紙をもらい」「書いて」「出す」。これが大切です。

積極的に申請用紙を出さない窓口も多いので、注意が必要です。本当に「生活保護を申し込ませない教育をされているのではないか」と勘ぐりたくなるほどです。

ある相談者の実話です。

窓口の人に、「まだ若いねんから仕事しなさいよ」「親兄弟に一回、連絡を取ってみなさいよ」と偉そうに能書きを垂れられて、追い返されました。その後、二度、三度と窓口にいっても、同じように、二度も三度も追い返されました。

やがてこの相談者は「もう役所に行っても意味ないわ。生活保護は申請せんとこ。もう誰も助けてくれないわ」と投げやりになり、自殺未遂を繰り返します。

そんな折、たまたま我々の存在を知り、相談したことで、生活保護を受けることができました。

この実例を行政は、どのように受け止めるのでしょうか。

生活保護をもらうのに苦労しながら再起を果たした男性

会社を乗っ取られ、無一文に

本章の最後にもうひとつ、生活保護をもらうのに苦労しながら、なんとか命をつなぎ止め、再起を果たした男性の話をご紹介します。

彼はもともと自営業者で、事業そのものはとてもうまく回っていました。

しかし残念なことに、彼は少し、浅はかでした。

仕事はすべて社員任せで、自分はただ、大金を使って遊び歩くだけ。芸能人と遊んだり、キャバクラでお金をくわえて女の子に抱きついたりしているような写真をたくさんとって、周りに見せびらかしたりするような人でした。

当然、社内の人望はゼロ。最終的には専務に会社・お金・従業員をすべて乗っ取られ、社長だった男性は無一文でほっぽり出されました。

家族も愛想を尽かし、奥さんは子どもを連れて家を出ていきます。家賃20万〜30万円の豪華な賃貸住宅に住んで栄華を誇っていた生活は一転、山奥にある家賃2万〜3万円の戸建てを借り、飼っていた犬とともに細々と暮らすようになります。

しかしいよいよ、その家賃をも滞納するほどに生活が困窮してきました。もう死ぬしかない。何度も自殺を図りますが、死にきれません。

やがて彼は「もう一度、生きる道を選ぶか」と、生活保護の申請を考えます。

役所からボロクソな扱いを受ける

ここからが本当の地獄でした。

生活保護は、仮に申請を受理されても、30日間の「審査期間」があり、その審査を通らないと支給はされません。

彼はまさに、ギリギリの状態で生活保護を申請しました。ここからさらに、1カ月我慢しなければ生活保護を受給できないわけです。

途方に暮れながらも、彼は耐えて、待ちました。

待つ間、行政からの連絡は一切ありません。

20日たっても連絡がこない。29日目になっても連絡がこない。そして運命の30日目。彼に届いたのは「審査を通過しなかった」という通知でした。

「審査を通過しなかった」理由が、彼には理解できませんでした。現実に、家賃も払えないほどにお金がないのです。そこでもう一度、最後の力を振り絞って申請することにしました。

さらに30日。ほぼ水を飲むだけの生活で耐えましたが、やっぱり審査は「不通過」。そこで彼は、我々に電話をすることになります。

「おれは死ぬ」。これが第一声でした。

「どないしたんですか？」と聞けば、彼は「もう誰も信用できません」と答えます。そして、自分で生活保護を申請しても審査が通らず、知り合いの議員に会いに行っても何の力にもなってくれず、近くのＮＰＯにも助けを求めたけれど全部却下されたのだと、ここまでのいきさつを語ってくれました。

住所を聞き、会いに行くと、自動販売機の横でへたれ込んでいます。持病もあり、もはや立っていることすらままならない状態だったのです。

「こんな状態なのに、生活保護を受けられなかったんですか⁉」

驚きのあまり、私は強めに質問してしまいました。

「はい、理由がわかりません」と彼は答えます。

ここからは、彼の言い分を一方的に聞いただけですから、真実かどうかはわかりません。

ただ、生活保護の申請をした後、ケースワーカーが家まで様子を見に来たのだそうです。

その際、ケースワーカーから、「窓口では食べ物もなくて死にそうだって言っていたのに、米まだ残っているやんけ」と、お米の袋の中に少しだけ残っていた米を投げつけられたり、食べかけのパンを「これも食えるやんけ」と投げつけられたりしたといいます。

それ以前に、彼の家は「ゴミ屋敷」っぽかったため、そのケースワーカーは土足で家に上がってきたようです。

そこまで屈辱的な扱いを受け、それでも生活保護を受けたかったから耐えたのに、それでも生活保護を受けられなかった。死ぬしかない。これが彼の心からの叫びでした。

自治体によって対応はこんなにも変わる

「そんなことをするケースワーカーなんているの?」と聞くと、彼は「いますよ」と即答します。

私が、「彼の言い分を一方的に聞いただけ」としながらも、あえてここにそれを記すのは、私ももともと、その役所は対応がひどいと知っていたからです。ほかの相談者からも「ボロカス言われて、それでおしまいだった」という話は聞いていました。

そのため、妙に納得のいく話だったのです。

彼は「死ぬんなら、あの役所の目の前で自殺する。あいつらに見せつけてやりたいんです」と、自殺の具体的な計画を話します。

「わかった、わかった。いったん転居しよう。違う自治体で生活保護を申請しよう」。私はたしなめ、充実した支援をしてくれる自治体への引っ越しを手伝いました。

自治体によって、こうも対応が違うものか。

いろいろな人の生活保護受給を支援していると、本当にそう感じます。

彼が新しく転居した先の自治体へ生活保護の申請をしに行くと、窓口の人は彼の顔色を見るなり、まず「大丈夫ですか？　すぐに病院に行けるように手配します」と声をかけてくれます。

「彼にはお金がない。食糧支援は我々のほうでできるけど、金銭的支援ができない」。そう伝えると、役所の人は地域の互助会システムでお金を借りられると案内してくれました。

そこへ相談に行くと、年配の女性がまた、「えー。ものすごい顔色じゃない。大丈夫？」と、心配しながらも温かく迎えてくれます。「地域でね、みんなから数百円ずつ集めて、困った人に貸せるシステムをつくっているのよ。だから1万円だけだけど、あなたに貸せるから」と、新入りの住人にポンと1万円を貸してくれました。

かつて事業を立ち上げて軌道に乗せ、栄華を誇って遊びまくり、有頂天になっていたがために失脚した彼は、地獄を見た後、新しく助けを求めた地で人の優しさに触れ、わんわんと泣き出しました。

役所は、一刻も早く医療を使えるよう態勢を整えてくれ、彼は健康面でも救われました。

ちなみに、「お金がない」「住所がない」状態でも、医療は受けられます。実際に私たちもよく病院から「救急車で運ばれてきた患者さんが、お金も住所もない。どうしましょう」という相談をよく受けます。

その場合、私たちがその人を迎えに行って、住居を決めて、生活保護を申請してもらいます。

また、入院中でも、生活保護の申請はできます。

さて、彼は今では、犬とふたり、静かに、穏やかに暮らしています。

「自治体によって、対応がまるで違う」。これは大きな問題点ですが、逆に言えば、ある自治体でボロクソな扱いを受けたところで、気にすることはありません。我々に相談していただければ、生活困窮者への支援が充実している自治体を案内することができます。

第4章

NPO法人創業のきっかけ

不動産会社社長との出会い

事故で「とび職人」としての未来を失う

私が「生活支援機構ＡＬＬ」を立ち上げるに至ったきっかけ。そのルーツは、社会に出たばかりのころに遡ります。

「ある人物」との出会いが、立ち上げに大きく関わっているのですが、その出会いを振り返ると、少々長くなります。

私は中学卒業後、現場職人として働き始めました。

コーキング、左官、防水を学び、やがて、その中で出会った尊敬できる先輩と一緒に、とび職として腰を据えて働こうと決心します。

いざ、とび職として意気揚々と働き出した、その矢先のことです。

私は現場での事故で怪我をし、救急車で運ばれてしまいます。

お医者さんの話では、「大腿骨と骨盤が複雑骨折している。手術しても、まともに歩けるまでに回復するかどうかわからない。仮に歩けるようになったとしても、今の仕事を続けるのは難しいだろう」とのこと。私は「人生終わった……。現場仕事で親方になることしか考えてなかったのに、その矢先にこんな怪我を負うとは……ああ、高校にいっておいたらよかったな」と、激しく落ち込みました。

しかし、その入院生活の中で、私は「ある人物」と出会うことになります。

人生を変えた「おじさん」との出会い

いかんせん「手術しても、まともに歩けるまでに回復するかどうかわからない」ほどの大怪我だったため、私は必然的に、長期の入院生活を余儀なくされます。

自動販売機が置いてある病院のロビー。長期入院で退屈している外科の患者にとってはまさに、憩いの場です。「大怪我」という同じ不幸を抱える者同士、年齢や職業を超えて、すぐに仲良くなります。私もだんだん、「病院内コミュニティ」が広がっていく楽しさを感じていました。

ある日、私と同じ病室に、いびきがとてもうるさいおじさんが入ってきました。とても眠れたものではありません。私は看護師さんに「あの人のいびきの大きさは尋常じゃない。ほかの病室に移してくれないか」とクレームを入れました。

意外にもクレームはすんなりと受け入れられ、おじさんは一人部屋へと移っていきました。

しかし後日、「憩いの場」であるロビーで、私はそのおじさんと顔を合わせることになります。

「お前か、おれのことをうるさいと言って部屋から追い出したやつは」。おじさんはすごんできました。

変にごまかすのもかえって気まずいと思い、「そうですよ、だってめちゃめちゃうるさいんですもん」と返したら、その言いっぷりをやけに気に入ってくれ、私たちはすぐに仲良くなりました。

「お前、営業向いてるんちゃうか？」

おじさんはバイク事故での入院でしたが、私と同じく大怪我で、やはりまともに歩けるまでに回復するかどうかはわからないとのことでした。

「お前は何カ月や。そろそろ歩けるようにはなったんか」。おじさんは私の怪我を気にかけてくれます。

「はい、ちょっとくらいは歩けるようになりましたよ。見てください」。そう言って歩こうとしましたが、まったく歩けません。「歩けるメド」どころか、「リハビリのメド」すら立っていないのですから、歩けないのも当然のことです。

おじさんは「うわ、だまされた」とずっこけます。「お前の口ぶりから、おれよりも回復がだいぶ進んで、もうすぐ退院するんやないかと思ったけど。なんや、全然歩けんやないか」。おじさんは笑い、続けてこう言いました。

「お前、営業向いてるんちゃうか？」

聞けばそのおじさんは、不動産屋の社長さんでした。

「営業なんてやったことないけど……不動産の社長さんが言うんだから、向いているのかな」なんて考えたりしました。

足が折れたのは「不動産屋になるため」

松葉杖で歩けるようになったころのことです。

とび職の先輩が「南京町に遊びに行こうぜ」と私を連れ出します。

「遊びに行く」といったって、怪我人が遊べるところなど限られています。私たちは何とはなしに、「占いの館」に入ることになりました。「お前、人生終わったとか言ってるけど、本当にそうなのかどうか、見てもらおうぜ」。先輩はこう言いました。今になって思えば、私を励まそうとしてくれていたのかもしれません。

私は占いなんてまったく信じないタイプで「お金払ってまで意味のない話を聞きたくない」と拒みましたが、先輩は「ええからええから。一回占ってもらったらええねん」と私をブースに押し込みます。

その占い師が発した言葉を聞き、私は仰天しました。

「あんた、なんで骨折したかわかる?」

「いえ、わかりません」

「それな、不動産屋をするために足折れててん」

もちろん私は、入院生活の中で不動産屋の社長に出会ったことなど、この占い師に告げていません。連れていってもらった先輩にすら告げていません。

それなのにこの占い師は、「不動産」というキーワードを私にぶつけてきたのでした。

不動産屋の社長からは「お前、営業向いてるんちゃうか?」と言われ、占い師からは「それな、不動産屋をするために足折れてん」と言われる。

私の中に「不動産の営業」という選択肢が、明確に芽生えました。

思えば、怪我をしてからの私は、ずっとすねていました。勉強もせず、現場の親方になることしか考えていなかったのにひどい骨折をし、現場への復帰はかなわない。「人生終わってるわ、こんなん」とすね続けていました。

しかし占い師に「不動産屋をするために足折れてん」と言われて、私は目覚めました。

そうだ。怪我を治したら不動産屋の営業になろう。あのおっちゃんの会社で働かせてもらおう。そのために、リハビリをめっちゃ頑張ろう。やる気がみなぎりました。

急にリハビリにやる気を出した私を見て、病院の人たちは相当、驚いたようです。お医者さんからは「そんなに頑張れるのなら、リハビリ専門の病院に転院しよう」と提案され、その提案に乗ることにしました。

転院先にも、不動産屋の社長さんは松葉杖で見舞いにきてくれました。ここまで面倒を見てくれる温かい人ならと、私は「あなたのもとで営業として働きたい」と願い出ます。

しかし社長さんの答えは、「ウチはお前を育てる器量がない。だから、まずは大手の厳しいところへいきなさい」。体よくフラれてしまったのでした。

社長さんからは、ある不動産会社の情報をもらいました。

「ここの不動産会社は本当に厳しい。3カ月ももったらええほうや。ここで一人前になったら認めたる」。

じゃあ、そこ行きますわ。私の進路は決まりました。

不動産の世界に飛び込む

回復が進み、ある程度歩けるようになると、私は自動車の免許を取るために教習所に通い始めました。

不動産営業には自動車免許が必須だからです。

そして自動車免許を取れるメドがたったころ、私は満を持して、社長さんに教えてもらった不動産会社の門を叩きます。

「求人広告を出しているかどうか」なんて関係ありません。直接出向き、「雇ってください」とお願いすれば、雇ってもらえる。世間知らずの私は、本気でそう考えていました。

「金髪に松葉杖」といった出で立ちで、私は不動産会社のドアを開けました。

「すみません、ここで働かせてください」

当然のことながら、中で働いている人たちはひとり残らず、唖然とした表情で私を見つめました。

しばしの沈黙の後、「働かせてくれってなんや。帰り、帰り」と追い払われます。私はなおも「いや、『帰り』じゃなくて、働きたいんですここで」と食い下がりました。

すると待っていたのは、お説教です。「お前な、うちの会社で働きたいっていっても、そんな髪の色では無理やからな。うち、厳しいからな」。こんこんと諭されました。

「ほな、すぐ直しますんで」となおも食い下がると、相手は態度を軟化させます。

「わかった」と本社につないでくれ、「いつ面接これんねん」と面接のアポまでもらえたのです。

「いつでも行けます」と答えると、「じゃ、明後日な」。その後私は、生まれて初めてスーツを買いに行き、そのスーツで面接に臨み……なんと、採用されてしまったのでした。

ナンバーワン営業マンへ

「賃貸」から「売買」へ

私が就職したのは、賃貸専門の不動産会社でした。

ここで一人前になれなかったら、それこそ自分の人生は終わり。そう考え、全身全霊をかけて働きました。

まだ完全に歩けるようにはなっていませんでしたが、松葉杖をついたままお客さまを案内するわけにはいきません。毎日、痛み止めを飲み、ぎこちないながらもなんとか自力で歩きながら営業活動を行いました。

まさに、無我夢中でした。

さすがにこれだけの意気込みで臨めば、結果はついてくるものです。私は順調に実績を上げていきました。

オーナーさんたちにも気に入られ、まさに順風満帆だったのですが、仕事に慣れれば慣れるほど、ある問題が生じ始めました。

勤めていた会社が「賃貸専門」の不動産会社であった点です。

オーナーさんたちの信頼を得始めると、「この物件を売ってほしい」「この物件を買いたい」といった案件を相談されることが増えてきます。私は、「自分はよくわからないけれど、社内の誰かができるだろ」と軽く考え、「やります、やります」と安請け合いしてしまったのですが、いざ会社に持ち帰ると、誰もが「それはできない」と答えます。会社自体が「賃貸専門」なのですから、当然です。

仕方なく、一度引き受けた案件を返上しようとオーナーさんに事情を説明すると、オーナーさんはカンカン。

「坂本くん、あなたができるって言ったから、私はあなたに任せたんやで。できへんねやったらできへんって最初から言わないと、こっちも困るから」

至極ごもっともなお言葉です。反論の余地は1ミリもありません。

せっかく自分を信頼して仕事を任せてくれたのに、何一つ応えられなかった。申し訳ないし、悔しい……。

私は「不動産営業としてより頼れる人間になるためには、賃貸だけではなく、売買も覚えないとダメだ」と考え、現在の会社への「出戻り」の可能性も残しつつ、売買に携わる不動産会社へと転職します。

「お客さまのため」を許されなかった新天地

ところが、新しく転職した会社はなかなかの「地雷」でした。

給与体系は「フルコミッション」。営業に自信を持ち始めていた私にとっては好条件だったのですが、周りの営業マンたちは誰も数字をあげていません。私が入社してから3カ月、成約に至った営業マンは社内で私だけ。しかもその私も、「賃貸営業時代のお客さまからの紹介」で数字をあげているという状態でした。「会社として、ここ、大丈夫なのかな……?」。そんな疑念が大きくなってきたころ、ひとつの事件が勃発します。

売り物件の住宅前で現場待機していると、一組のお客さまが訪れました。私は目の前の売り物件を案内しましたが、どうも気に入らない様子でした。「ほかにも物件を見て回る予定ですか?」と聞くと、お客さまは「はい。今、いろいろ見て回って、合う物件を探しているんです」と答えます。「それならば」と私は、自分が担当しているほかの物件も案内できると伝え、連絡先を渡しました。

この行為が、社長の逆鱗に触れたのです。

なぜ叱られたのか、私は最初、意味がわかりませんでした。お客さまにとって最善の提案をしたと考えていたからです。

しかし社長は、「お前な、現場待機させてもらっている物件を売るのがお前の仕事や。お客さまが気に入らへんかったとか、アカンと言うたとしても、この物件を売り込みに行け」と怒鳴ります。

やっぱり、意味がわかりません。だって、実際に目の前の物件を見て「気に入らない」と言っているお客さまに、それでもこの物件を押し売りするなんて、迷惑でしかないではありませんか。

仮に他の物件を案内し、それが売れたとしても、会社としては仲介手数料をもらえます。お客さまにとっては「最善策」であり、会社にとっては「次善の策」。ほかの物件を案内して気に入ってもらえたら、お客さまも会社もハッピーになれるはず……そう社長に訴えたのですが、聞き入れてもらえませんでした。

ならばもう、この会社を辞めるしかない。

私は3カ月で退社し、「不動産の売買もできる」というスキルを持って、もともといた「賃貸専門」の不動産会社に戻ることになります。

ナンバーワン営業マンとして特別講師に

自分でいうのもなんですが、入院中に不動産会社の社長さんに褒めていただいたとおり、私は「営業に向いていた」ようです。

出戻った私は社内ナンバーワンの売上を叩き出すようになり、新人研修の「特別講師」にも任命されます。

「金髪に松葉杖」という姿で『働かせてくれ』と乗り込んだ世間知らずの男が、紆余曲折を経て、100人の新入社員の前で営業を教えるまでに出世したわけです。なかなかのサクセスストーリーでしょう。

でも、「賃貸」で再び実績を出せば出すほど、私には「売買」でやり残したことがあるように思えてきました。

そもそも、「売買をしっかり勉強しよう」と決意して会社を飛び出したわりには、飛び出した先で大した経験を積むことができず、3カ月後にはもう「賃貸」に戻ってきてしまっていたのです。やり残したことがあるように思えるのも当然の話です。

このまま「賃貸」の世界で実績を残し続け、安定した生活を営むか。それとももう一度、会社を飛び出し、「売買」を勉強するべきか。

迷っていたころ、病院で出会ったあの「おっちゃん」から電話がかかってきました。

「うちに来てくれないか」

私の人生は本当に、なんとタイミングがよく、いろいろなことが噛み合うのでしょうか。

大怪我をして「人生終わった」とすねていたころが嘘のようです。

私は、おっちゃんの会社でお世話になることに決めました。

NPO法人創業

蘇る記憶

おっちゃんの会社で働けることを意気に感じ、バリバリ働いていたころのことです。

天王寺公園で3日間野宿をしているという母子が、ふらふらと会社に入ってきました。「住むところを探している」といいます。

私の脳裏に、賃貸専門の不動産会社で働いていたころのある記憶が蘇ってきました。

部屋を借りにきているお客さまの中に、上司から「丁寧に帰ってもらえ」と指示されたスタッフにやんわりと追い返されている方が、月に2～3人いました。

どう見ても真剣に住まいを探している様子だったのに、なぜ「丁寧に帰ってもらえ」と追い返すのか。当時の私には理解できませんでした。

それから経験を積んでいくにつれ、私は徐々に、「丁寧に帰ってもらえ」と指示を出した上司の意図がわかってきました。

「丁寧に帰っていただいた」人たちはみな、生活保護受給者や精神障がい者、70歳以上の老人、生活困窮者、外国人のいずれかに当てはまっていたのです。

上司は、彼らに賃貸住宅を紹介することで「面倒なことに巻き込まれるのではないか」と危惧し、あらかじめそのような客層を避けていたのでした。

私は、経験が浅いながらにぼんやりと、「丁寧に帰っていただいた人はその後、どうなるのだろう。どこへ行くのだろう。誰が面倒を見るのだろう」と案じていました。

とっさに「助け船」を出す

時は流れ、今、目の前には現に、天王寺公園で3日間野宿をし、住むところを探している母子がいます。

「もう何日も、水しか飲んでいません。いろいろな不動産会社を頼ったけれど、どこも相手にしてくれなくて……どこか部屋を貸してくれませんか？　せめて、娘だけでも助けてください……」

母親は切実に訴えます。その横では、娘さんが力なく俯《うつむ》いています。

スタッフのひとりが、まさに私が以前いた会社のスタッフのように、丁寧にお断りして帰っていただこうとしました。

私は咄嗟《とっさ》に、「ちょっと待って」と声を上げてしまいました。

母親は、見るからに体調が悪く、ガリガリに痩せ細っています。ここで追い返したら、命までもが危ない。私はそう感じました。

私のお客さまのひとりに、空き室がたくさんある文化住宅を持っているオーナーさんがいます。

「あの人だったら、たぶんどうにかしてくれる」。私は祈る思いでオーナーさんに電話をしました。

「そんなにやばいんやったら、ウチの部屋をぜひ使ってくれ」と、オーナーさんは快諾してくれました。

ウチの社長のおっちゃんは不在でしたが、「話せばわかる」人。私は独断で、母子をそのままオーナーさんの物件に連れていき、契約を済ませました。

オーナーさんは「なんも食べてないんやろ?」と、スーパーでお弁当を買ってきてくれたり、ホームセンターでふとんや鍋を買ってきてくれたりと、至れり尽くせりの対応をしてくれました。

母子の事情を聞くと、夫のＤＶに苦しめられ、和歌山の自宅から命からがら逃げてきたのだといいます。オーナーさんのご厚意もあり、母親は生活保護の申請をスムーズに行うことができました。娘さんは児童相談所が引き取るかたちとなりましたが、母子はそれぞれに、平穏な人生を取り戻すべく歩み始めました。

私の中に、「人の命を助けた」という充実感が芽生えました。

同時に、「世の中には、もっと苦しんでいる人がたくさんいる。もっと多くの人を助けなければ」という使命感も芽生えました。

「このような活動は、不動産に長く携わってきて、いろいろなオーナーさんの協力を仰げる自分にしかできない」という自負も芽生えました。

自分の中に芽生えた、さまざまな感情を源泉に、私は、当機構を立ち上げることになります。

ちなみに、先ほどの母子はその後、どうなったか。

母親は1年ほどのブランクを経て社会復帰。梅田のタワーオフィスで働き始め、生活保護を打ち切ります。

そして児童相談所へ娘さんを迎えに行き、今では一緒に、幸せに暮らしています。

揺るがない「志」

当機構の特徴は、「住まいを紹介し、生活保護の申請を手伝って、それでおしまい」ではないという点です。

何年でも、何十年でも、一度相談してくれた人に関しては、連絡をくれればととことん面倒を見ます。

「そんなことをして、何の得があるんですか？」とよく聞かれますが、こればかりは「得なんてありません」としか答えようがありません。

家族や友達に相談できる人は、それだけで恵まれています。我々の元に相談に来る。それはもう、「ほかに相談できる人が誰もいない」からこその行動なわけです。

もし我々が、かつて私が勤めていた不動産会社のように、相談に訪れた人に対して「丁寧にお断り」して帰っていただいたり、「もう住まいも紹介したし、生活保護の申請も手伝ったでしょ」と関係を切ったりしたら、どのようなことが起きるか。将来を悲観して自殺を選ぶかもしれませんし、お金に困って犯罪を働くかもしれません。

だから私たちは、相談者に明らかな「悪意」が見えない限りは、とことん、相談を受け続けます。

見捨てない。孤独にしない。これが私たちの「志」です。

人生で学んだ二つのこと①「人は見上げるな、見下すな」

ある役員の口癖

ここまでの人生を振り返ると、私の行動は、二つの「教訓」によって支えられているなと感じます。

一つ目は「人は見上げるな、見下すな」です。

これはかつて、最初に勤めていた「賃貸専門」の不動産会社の役員だった方に教えられた言葉です。

「人は見上げるもんでも見下すもんでもない。対等や」。それが彼の口癖です。

これがなかなか難しい。なかでも私にとって難しいのは、「見下すな」より「見上げるな」です。

尊敬している人に対しては、私は簡単にひれ伏してしまうからです。「誰かを見下しているわけではないのだから、こちらが勝手に見上げている分にはいいかな」と考えたりする一方、これはやはり危険なのかもしれないとも感じます。

「誰かを見上げる」ことを許容するということは、知らず知らずのうちに、「誰かを見下す」ことを許容することにつながるのかもしれないからです。

「人は見上げるもんでも見下すもんでもない。対等や」と語る先輩の域に、早く到達したいと考えています。

「対等」だからこそ、裏切りは許さない

「生活保護をもらっているなんて恥ずかしいわ、ダサい」。生活困窮者に対し、

このような言葉を浴びせる人が、世の中にはいます。とても悲しいことです。生活困窮者ももともと、ひどい言葉を浴びせる人と同じ、納税者です。生まれ持って生活保護を受けていたわけではありません。

ただ、人生の歯車が少しだけ狂い、生活的な困窮を強いられている。それだけなのです。

実際、どれだけバリバリ働いている人間でも、体を壊し、頼れる友達も近くにおらず、借金だらけになった場合、生活保護を受けるしかありません。

生活保護を受ける可能性は、日本人全員にあるのです。それがわかっていれば、生活保護者を見下すような言動はできないでしょう。

人生で学んだ二つのこと
②結局は「性格のいい人」しか集まってこない

「嫌な人」なんていない

もう一つの教訓。

それは、「自分の周りには、『性格のいい人』しか集まってこない」ということです。

「坂本さんのように、無償で人助けをしていると、ただ図々しく『助けてもらって当然』と考えたり、坂本さんの志を利用したりするような嫌な人もたくさん集まってくるでしょう?」と聞かれることがあります。

振り返ってみても、そのような人はあまり記憶にありません。もしかしたら、そのような人とは人間関係が長続きしないために、私が忘れてしまっているだけかもしれませんが……。

私は、結局は自分の周りには「性格のいい人」しか集まってこないと考えています。

そう考えているから誰とでもフラットな関係を築けるのか、それとも、誰とでもフラットな関係を築けているから本当に「性格のいい人」しか集まってこないのかはわかりません。

ただ現実として、私の周りには「性格のいい人」があふれ、いつも助けてもらっています。

いくつかのエピソードを思い出してみても、この感覚に間違いはないと思えます。

「偶然の出会い」が偶然を呼ぶ

賃貸専門の不動産会社で働いていたときのことです。

お客さまの中には意外にも、中小企業の社長さんが多くいました。

ある日、彼氏連れの女性が家を探していました。

私が接客していると、「坂本くん、他の不動産屋で見てきた物件だけど、もうちょっと安くなるんだったら、その物件をあなたで決めるよ」と、1000〜2000円の家賃の値下げ交渉をしてきました。

私は承諾し、契約は成立。家賃は、多少値切られたけど、まぁいいかと気分よく退社し、ひとりで食事をしていたら、偶然にもまた、さきほど契約を済ませたばかりのカップルにばったりと会いました。

2人とも、ベロンベロンに酔っています。男性のほうはやけに陽気で、「おれ、今ちょっとバブルきているから遊びに行こうぜ！」なんて言っています。

「彼女が住む家の家賃が下がったのがよっぽど嬉しかったんだな、この人は」と思いながら、私は彼の言う「バブル」に乗っかり、一緒に遊びに行くことにしました。


その先で、彼は、30代前半という若さでありながら、ある物流会社の社長さんだったことが判明します。

「バブルきてるから」とは文字通り、事業が好調だという意味だったのです。

その後、私と彼は仲良くなり、随分とかわいがってもらいました。

奇跡的な「再会」

もう一つ、強烈なエピソードがありました。

20歳を過ぎると、どのような仕事でも、男性営業マンはいろいろな飲み屋に連れていってもらう機会が増えます。

先輩たちに散々飲まされて家路についた午前3時。家の裏の交差点で自分のかばんの中を漁《あさ》っている、キャバクラ嬢風の女性に遭遇します。

「うわっ、なんか怪しい人がいる……無視しよ。怖い怖い」と通り過ぎようとしたら、案の定、捕まりました。


「ちょっとお兄ちゃん、家の鍵なくしてん」


そんなことを言われても、私の知ったことではありません。

でも一応、「家どこ?」と聞いたら、「目の前のそこ。実家」と答えます。

ふーんと流して帰ろうとしたら、彼女は「泊まっていい?」と聞いてきます。

さすがに「無理やそんなん」と返し、「鍵なくしたっていうなら、鍵屋さんを呼んだら?」と提案すると、彼女は私の話など聞いておらず、「うちはあの3階建てマンションの3階。屋上からベランダに入れたら、ベランダの鍵が開いてる。そこから部屋に入って、中から鍵開けてほしいねん」と私に頼みます。

私も相当、酔っていたのでしょう。もう問答にも疲れてきて、「それさえすれば解放してもらえるのなら」と、彼女の頼みを聞くことにしました。屋上からベランダに「侵入」し、さらに部屋に入って鍵を開けて、「これで大丈夫やろ」と彼女に伝えます。

「ありがとうー！　またお礼するから番号教えて」と言われるままに、私は彼女に、電話番号を教えました。

年齢は30代前半という感じでした。

後日、私が衝撃を受けたのは、彼女が新地の飲み屋のママだったこと、そして実は、私が一時期フリーターだったころ大変お世話になった女性だったということでした。

もちろん、未成年のフリーター時代に飲み歩いていたというわけではありません。

中学を卒業したばかりの若者がボロボロになって夜遅くに歩いていると、さすがに目立ちます。ママはそんな私を見て、「今まで仕事？　疲れているでしょう。何か食べなさい」と店に招いてご飯を食べさせてくれたり、「社会に出たときに役に立つから」とナイフとフォークの使い方を教えてくれたり、礼儀作法をたたき込んでくれたりしたのでした。

最初に就職した不動産会社に出す履歴書の書き方を教えてくれたのも彼女です。履歴書なんて見たことも聞いたこともなかった私に、彼女は手取り足取り、その書き方を教えてくれました。

その大恩人と、午前3時、ばったり再会し、不思議なやりとりを繰り広げていたのです。

ママとの交流が再開したところで、ちょうど、「バブル」がきている真っ最中の物流会社の社長から電話が入ります。

「坂本くん、今、新地にいるんだけど、飲むとこ知らん？」

私は「新地のママ、知り合いにいますよ」と、ママの店を紹介しました。

すると物流会社の社長さんは、ママの店をとても気に入ってくれた様子。社員さんや取引先と週2〜3回飲む「大常連」となりました。

ママはとても喜び、お店の女の子たちに「部屋を探すときは、しんちゃんにいやー」と私を紹介してくれます。

結果、私はそのお店に勤める女の子の部屋をすべて担当することになりました。


人との出会いは、すべてつながっている。

そして、結局、自分の周りには「性格のいい人」しか集まってこない。

このエピソードを思い出すたび、私は実感します。

縁は長続きし、新たにつながる

思えば私は、人間関係を長続きさせるのが得意なのかもしれません。

病院で出会った「おっちゃん」にしてもそうです。出会いから、実際におっちゃんの不動産屋で働くまでには長い月日を要しましたが、それまで途切れず、おっちゃんとの関係は続いていました。

そしてその縁のおかげで、あの母子と出会い、当機構の設立に至っています。先ほど紹介したエピソードでも、新地のママとはいったん、交流は途切れていたとはいえ、どこかでつながっていたからこそ再会でき、再会後はまた、深い付き合いになることができたわけです。

加えて深い付き合いになったのが、「バブル」がきていた物流会社の社長さん。そして新地のママと物流会社の社長さんがまた仲良くなるのですから、人間関係は面白いものです。

私がいただいた縁は、なぜか長続きする。

そして、私がいただいた縁は、なぜかつながる。

それはなぜか。

やはり、結局は、私の周りには「性格のいい人」しか集まってこないからなのではないでしょうか。

自分からは逃げない

愛想を尽かされない秘訣

私の人間関係が長続きする。

それは裏を返せば、「もう坂本とは付き合えない」と相手から思われることが極端に少ないということなのだとも感じます。

そう考えると、少し誇らしい気分になります。


私の信念は、「自分からは逃げない」「裏切らない」「後ろ指を指されるようなことをしない」の三つ。これを愚直に続けていれば、よほどのことがない限り、相手から愛想を尽かされることはないでしょう。

生活困窮者を孤独にしない

「自分からは逃げない」「裏切らない」「後ろ指を指されるようなことをしない」。これは当機構を運営していくうえでも、とても大切な要素だと感じます。

生活で困窮する人は、私の経験上、「孤独」に陥っている人が多い。そこには、さまざまな理由があります。

知人にお金を借りまくって周りからの信用を失った人。
引きこもりや、コミュニケーションをとるのが苦手な人。
嘘ばかりをついてきて孤独になった人。
周りに裏切られ続けて孤独になった人。
DVから逃げ出して孤独になった人。

刑務所から出てきて孤独になった人……など。

孤独と困窮はつながっている、と私は考えています。

生活が苦しくなれば、親や親戚、友達や職場の人などに助けを求めるのが普通でしょう。

しかし、生活困窮者の大半は誰にも頼ることができず、相談する相手すらいません。

私は必ず、

「いつでも連絡待ってます！」

と相談に来た方全員に伝えています。

夜中の2時に電話をかけてきたり、昼の時間帯に何度も連絡を入れてくる人もいます。

「仕事が決まった！」とか「彼女にフラれた」なんて電話もよくかかってきます。

我々の活動は、生活困窮者にとって、文字どおり最後の砦です。訪れる相談者を孤独にするような行為は、「死」を突きつけるのと同じことです。

自分の生き様がそのまま、生活困窮者を救うことにつながっている。

今の仕事は私にとって「天職」、天から与えられた使命なのかもしれません。

第5章

現場から行政にいいたいこと

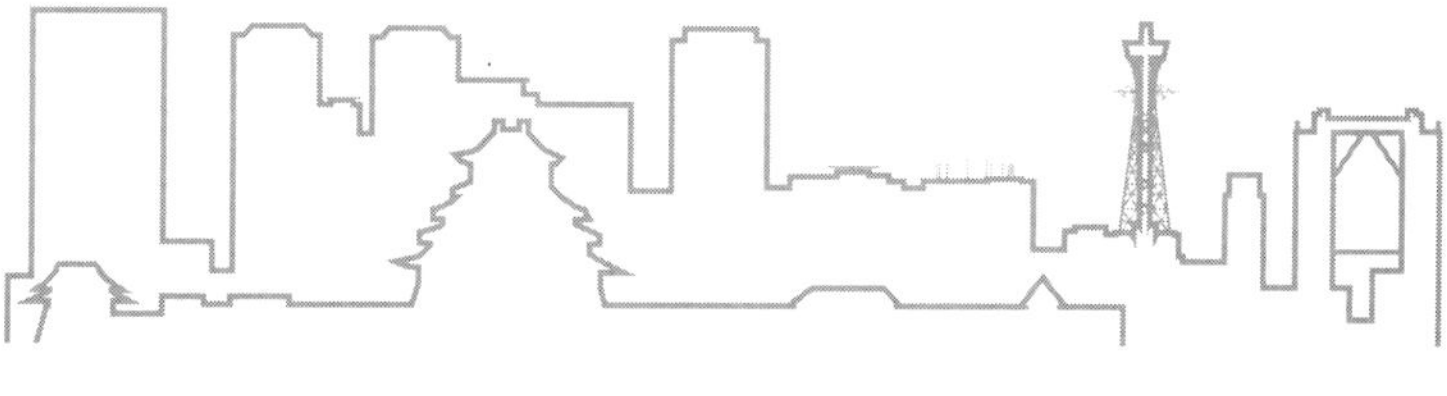

①生活保護という権利をもっと与えてやってほしい

なぜ「不正受給」をそんなにも恐れるのか？

生活保護を申請する。それはなぜかといえば、生活が困窮しているからです。生活が困窮していなければ、誰もわざわざ役所まで行って、生活保護を申請しようなんて思いません。

その大前提があるにもかかわらず、第3章でお話ししたように、役所の中には、生活保護の申請用紙すら書かせないところも多い。これでは、相談しに来ている人に「死んでください」と言っているようなものです。それでいて「世の中に希望を持て」といわれても、それは無理な話です。

生活保護の不正受給を恐れる気持ちはよくわかります。もしも不正受給が発覚し、大々的に報道されれば、世間から「役所の審査体制はどうなっていたのか」「審査がずさんすぎないか」「税金を何だと思っているのか」と厳しい目を向けられるのは明らかだからです。

しかし現実として、「悪意のある」不正受給の数はごくわずかです。

わざわざ「悪意のある」不正受給と強調したのは、不正受給の中には「それはちょっと厳しすぎないか？」と同情したくなる事例もいくつかあるからです。

たとえば、母子家庭で生活保護を受けていたとします。

高校生の子どもが、習いごとをしたいがために、お金を貯めようとアルバイトをしました。アルバイトの収入が月6万円ありました。これを役所に申告せずに生活保護を受け続けたとしたら、不正受給です。

でも子どもにしてみれば、習いごとを頑張りたいがために、アルバイトを一生懸命して、「自分の習い事の分くらいは自分で貯めよう」という心意気で働いているわけです。これは果たして「不正」なのだろうか。私は同情の余地があると感じてしまうのです。

そもそも、生活保護を申請してから受給するまで30日もかかるのは、「不正かどうか」を精査するためです。「不正があるかもしれない」ことを前提に、生活困窮者を1カ月間待たせてまでたっぷりと精査する時間をとるわけですから、「不正を恐れて申請数を減らす」のはお門違いです。

不正受給を疑うより、**生活保護をどんどん出したほうが、社会はよくなる。私はそう考えます。**

頑張るには「土台」がいる

昔、生活保護の申請をしようと女性が役所の窓口を訪れたところ、役所の担当者が「風俗で頑張ってる人もいるし、そういう選択肢もあるんじゃないですか」と言って大問題になったことがありました。

これは極端にひどい例ですが、「あなた、頑張れば働けるでしょう」と申請用紙を出させずに追い返す例が、どの自治体でも後を絶ちません。

確かに、生きるために頑張るのは大切なことです。誰もが、生きるために、稼ぐために頑張っています。

しかし、頑張るには土台が必要です。その土台が脆弱なうちは、生活保護というかたちで、まさに「保護」してあげるべきではないでしょうか。

諸外国に比べると、「セーフティネット」を活用している人が、日本人にはあまりにも少ない。これは、「日本人の生活困窮者が自分で頑張ろうとしている」ことより、「役所が生活保護の申請を受け付けないケースが多い」ことに原因があると、私は考えています。

役所の人間が率先して、生活保護の受給者を見下しているうちは、日本の社会はいつまでも明るくならないでしょう。

②助成金が全然足りない!

「ボランティア精神」に甘えてはいけない

現状いただいている「居住支援法人」としての助成金だけでは、生活困窮者の支援を充実させながら運営していくのは厳しいといえます。

もしも、私なんかとは比べものにならないくらいに志高く、生活困窮者を助けるために生まれてきたような聖人君子でも、自分自身の生活が成り立たなかったらすぐに倒れてしまい、志を果たすことができなくなります。

生活困窮者を支援するにあたり、ボランティアでは限界があります。最低限の資金と助成金だけでは、「よりよい活動にしていこう」というモチベーションを保つのも難しいものがあります。

もちろん審査は必要ですが、一定の基準を満たしている団体に対しては、助成金・補助金の額を増やしてほしい。行政に強く訴えたいことです。

③認知度が全然上がらない

行政が知らないものは、国民も知らない

「生活支援機構ＡＬＬ」は「居住支援法人」という法人格を持っているのにもかかわらず、行政の認知度はまだまだ低いと言わざるを得ません。

認知度が低いどころか、「居住支援法人」が何かすら知らない人も多いのです。

「世の中的な認知度」が低いのであれば、「自分たちの広報力不足」と省みることもできます。しかし「行政の認知度が低い」のはいただけません。何のために「居住支援法人」という法人格があるのか、わからなくなってしまいます。

私たちは大阪府下のいろいろな役所で、「居住支援法人です」と挨拶に回りま

す。

そこで「居住支援法人です」と伝えるのですが、だいたいは「はい？」といった反応を示されて、やりとりが滞ります。

国が「居住支援法人」を指定し、「行政と連携してやっていきましょうね」という方針を示しているのに、現場の窓口の人が、「居住支援法人」そのものを知らないのです。

官公庁が推進しているものを、官公庁の人たちが知らない。これでは、世の中的な認知度を高めろというのも無理な話です。

予算さえつけてくれたら、私たちも広告を打つなどの広報活動を積極的に行います。行政もどうか、自分たちの組織内での啓蒙活動を行ってほしいと願います。

④大阪府と大阪市の二重行政はいい加減なんとかしてほしい！

「府」と「区」の噛み合わない会話

大阪では現在、「大阪府」と「大阪市」の二重行政状態が続いています。知事と市長、府庁と市役所がそれぞれに連携し合うことなく行政を運営し、市民がそのあおりを食っているのです。

私は2019年、「大阪居住支援ネットワーク協議会」を立ち上げました。「民間住宅を利用した住宅セーフティネット」をコンセプトに、住まいに悩む生活困窮者へ、賃貸住宅への入居をサポートする制度です。

立ち上げにあたり、国と府からお金が下りる制度があり、これを活用しました。そのお金は、「立ち上げる法人のある自治体の役所と連携して、活動を盛り上げていくために使ってください」という趣旨で給付されています。

お金をいただき、「よしっ」と気合いを入れて、ある自治体の役所へ「よろしくお願いいたします」と挨拶に行きました。

しかし窓口の担当者は「なんですかそれは?」といった反応です。

知らないはずがありません。だって私たちは、国と府からお金をいただいているのですから。

私は「上の方につないでください」とお願いしました。ところが、奥から出てきた上司も「知らない」と答え、挙げ句の果てに「帰ってください」と言います。

これはおかしい。私はその場で、大阪府庁の居住支援課に電話し、「助成金をいただいたから、お礼とご挨拶にと役所まで来たのですが、誰もピンときていないようなんです」と伝えました。

大阪府庁のほうはすんなりと話が通り、「わかりました、私が話をしてみます」と言ってくれます。

そこで携帯電話を役所の担当者に渡し、「大阪府庁の担当者」と「役所の担当者」での会話が始まったのですが、どうもその会話も、私が直面したのと同様、まったく噛み合っていないようでした。

そこで登場したのが「大阪市」です。「大阪府」と「大阪市」と「ある役所」。それぞれに電話をつないでの、ややこしいやりとりが始まってしまいました。

「希望の第一歩」でげんなり……

結論をいえば、その役所は「大阪市」の配下。私は「国」と「大阪府」からお金をいただいていました。「大阪市」は絡んでいなかったため、知らなかったという話でした。

大阪市は「それと似たような取り組みを、ウチはウチでやっていますから。そちらとは関係ありません」というスタンスです。

私たちは、世の中のためによかれと思って団体を立ち上げ、活動を盛り上げていこうと考えていました。

しかしその一歩目で、二重行政のややこしさを見せつけられては、さすがにげんなりしてしまいます。

後日、大阪府庁から謝罪をいただき、納得しましたが、やはりもやもやは残ります。

ただでさえ、生活困窮者の支援は日の当たりづらい活動。行政のトップが自らボトルネックになっていては、活動はなかなか盛り上がりません。

コロナショックにより、生活困窮者の支援はより急務となっています。支援者の輪をどんどん広げていかないといけない。そのためには、大阪府と大阪市の二重行政は早く解消してほしいものです。

⑤行政でできないことは民間にまかせたほうがいい

「フットワークの軽さ」が民間の強み

「行政」と「民間」。フットワークが軽いのは断然、民間のほうです。

我々は、夜間も土日祝日も電話転送しており、24時間365日対応可能です。行政でこの対応を行うのは難しいでしょう。

「民間のほうが優れている」といいたいわけではありません。行政でなければできないこともたくさんあります。

だからこそ、民間にももっと権限を委譲し、行政にできないことを民間に任せてほしい。そう考えています。

たとえば、行政の公的な発信では「この家の入居者がゆうべ、夜逃げしました」なんてことはいえないでしょう。しかし民間企業では、そのような実情をそのままの言葉で、ざっくばらんに話し合うことが可能です。

婉曲な表現がない分、問題点の発見も解決も早い。これも民間の利点です。

どうか行政は「民間の強み」を頼り、活かす方向を考えてほしいと考えます。

⑥役所は代位納付してほしい

趣味にお金を使いまくってしまう入居者

現場から行政にいいたいこと。最後は「代位納付」です。

代位納付とは、家の借主の代わりに、役所が家賃を貸主に直接払うことのできる制度です。代理納付とも呼ばれています。

役所はこれができるはずなのに、やってくれない。おそらく、面倒くさいからでしょう。

代位納付ができると、どのような「よいこと」があるのか。実例を挙げてご説明しましょう。

ある生活保護受給者の家賃の支払いが、遅れがちになっていました。

理由は、生活保護費をもらうとすぐ、アイドルグループＡＫＢ48関連のグッズにお金を使ってしまうからです。

本人も、お金の使い方に問題があることは重々自覚しているのですが、なかなか直りません。

そこで本人は、私に助けを求めてきました。

「おれ、お金持ったらすぐ使っちゃうねん。でもそれだと家賃を滞納してしまう。だからＡＬＬさん、おれの通帳預かっといてくれませんか？」

さすがに、個人の通帳を預かるのは気が進みません。

とはいえ、本人にお金の管理を任せていたら、家賃を滞納してばかりで、いずれ家を追い出されるのはわかりきっています。

住居は大事。住むところは確保し続けなければなりません。そこで選択肢はひとつ。「代位納付」です。

この場合、代位納付さえできれば、本人も大家さんもウィンウィンというわけです。

役所の「本末転倒」な対応

私は家賃だけでも代位納付してもらおうと、役所に掛け合いました。

しかし返事はNO。

「代位納付というシステムはあるが、代位納付が使えるのは、実際に家賃を滞納した人だけ」

なんとも本末転倒な話です。こちらは「家賃を滞納しないように、代位納付をしてほしい」とお願いしているのに、役所は「家賃を滞納しないと、代位納付は使えない」というのですから。

「家賃を滞納する」という状態はもう、家を追い出される寸前です。そうなってから代位納付できるようになっても意味がない。論理として完全に破綻していま す。

私はつい、「アホちゃう?」とこぼしてしまいました。すると担当の人もそれに反応し、「おっしゃっていることはごもっともなんですけど、できないんです」と言います。どうやら相手も、自分の言っていることのおかしさはよくわかりつつも、「役所の方針としてそれはできない」と伝えるつらさを感じているようでした。

代位納付ができるようになれば、家賃滞納に悩む大家さんは減り、生活困窮者の受け入れは進むのではと考えられます。

第6章

居住支援には大家さんの理解が必要

大家さんは適正な利益を確保しながら社会的にも役立つ

生活困窮者に住居を提供する活動は「いいことずくめ」だ

ここまでお話ししてきたように、「生活支援機構ALL」では、「大阪居住支援ネットワーク協議会」を運営し、生活困窮者に住居を紹介する活動を行っています。

この活動をさらに大きく広げていくためには、大家さんの協力が必要不可欠です。

生活困窮者に住居を提供する活動は、人助けもできて、社会貢献もできて、空室も埋められる。まさに「いいことずくめ」です。

「人助け」と「社会貢献」につながる

私たちが紹介する生活困窮者は、一般的には「住宅確保要配慮者」と呼ばれています。

「住宅確保要配慮者」とは、具体的には「低額所得者」「被災者」「高齢者」「障がい者」「子育て世帯」等を指します。

「住宅確保要配慮者」に対して住居情報を提供するというのが、居住支援法人の務めです。

住まいがなく、目の前で困っている人を助ける。人としてとてつもなく大きな充実感を得られるのは、かつて天王寺公園で野宿をし、住まい探しに困窮していた母子を救った私がすでに証明済みです。

「空き部屋」を使って社会貢献できる。大家さんにとってはメリットしかないはずです。

「収益」も安定する

大家さんの「ボランティア精神」にばかり甘えるつもりはありません。

住宅確保要配慮者への居住支援は、大家さんに金銭的メリットももたらします。

それはもちろん、「空き部屋を提供することによる収益の安定化」です。


第1章でお話ししたように、今後は空き家・空き部屋の数が右肩上がりで伸びていくと考えられています。

大家さんにとっては、家賃収入が減ってしまう可能性があるわけですから、まさに死活問題です。

そこで、「住宅確保要配慮者への居住支援」です。

残念なことですが、生活困窮者の数が増えている昨今、住宅確保要配慮者の数もまた、右肩上がりで増えていくと考えられます。

住宅確保要配慮者への居住支援に協力いただくことで、住居者が安定的に紹介されることになり、結果として「人助け」「社会貢献」「収益の安定化」という多くのメリットを享受できることになるのです。

不安は「大阪居住支援ネットワーク協議会」加盟で解消

圧倒的な「実績」と「サポート」が心強い

大家さんが住宅確保要配慮者の受け入れを渋るのには、かつて私の上司が「丁寧に帰ってもらえ」と指示を出したのと同じ理由があるであろうことは、容易に想像がつきます。

実際、知り合いの大家さんの意見を聞くと、住宅確保要配慮者の受け入れには次のような懸念があることが明らかになりました。

・家賃を滞納する

・孤独死（単身高齢者を受け入れた場合）
・騒音（精神障害の症状によって騒ぐ・叫ぶ／近隣住人への配慮不足）
・家賃未払い、かつ家具放置のまま夜逃げ
・住宅確保要配慮者を受け入れたことによる他住民のクレームや退去

どれも、「不安に思うのはごもっとも」と感じるものばかりです。

だからこそ、私たちが運営する「大阪居住支援ネットワーク協議会」の出番だとも感じています。

我々はこれまで、３０００件以上の居住支援に携わってきました。ノウハウの蓄積量は日本一です。

さらに我々は、何度もお話ししてきたように、「生活困窮者を入居させたら、はいさようなら」の団体ではありません。生活困窮者の相談にも、そして大家さんの相談にも、永遠に乗り続けます。

「大阪居住支援ネットワーク協議会」に加盟していただけたら、私たちがいくらでもバックアップします。「トラブルをゼロにします」とは言い切れませんが、トラブルを最小限に抑えるために最善の努力をします。

だからぜひ、住宅確保要配慮者への居住支援に手を貸していただきたいのです。

生活保護受給者も「普通の人間」である

残念なことに、生活保護受給者を毛嫌いする大家さんも、なかにはいます。

しかし、これまでに1万人以上の生活困窮者の相談を受けてきた私は、自信を持って言えます。

生活保護の受給者は決して、そんなに悪い人たちではありません。「常識的」な人間ばかりです。

見る側が偏見を持っているから「あまり近づきたくない人たち」と感じるだけで、本人自体はいたって常識的です。

もともと社会人としてバリバリ働き、しっかり納税していた人がほとんどなのですから、それも当然といえます。

大阪でも、とある地域の不動産屋では、「生活保護者が来たら、最悪や」が共通認識になっているところもあります。とくに目に見えて何かの被害があるわけでもないのに、生活保護受給者を受け入れてくれる大家さんがいないがために、「住居を探すのが面倒→だから最悪」という論理で、生活保護受給者を毛嫌いしているのです。

一方、そのような入居者に対して好意的な大家さんもいらっしゃいます。生活保護はいわば「安定収入」であり、収入が不安定なフリーターよりも家賃の取りっぱぐれが少ないと知っているからです。

入居者を「生活保護を受けているかどうか」ではなく、「しっかりと家賃を払ってくれるかどうか」で見る。これこそがフェアな「偏見のない大家さん像」ではないでしょうか。

私たちが生活保護受給者の入居をお願いすると、「おっ。新規来たか」と喜んでくれます。

そのようなマインドの大家さんが全国に広がれば、人生を悲観し、自殺や一家心中を図る生活困窮者は減る。私はそう確信しています。

障がい者への対応は率先して代行

仮に、生活保護受給者への偏見がまったく取り除かれたとします。

その人が障がい者だったとしたらどうでしょう。やはり負担に感じるでしょうか。

障がい者への対応は難しいものです。

たとえば、普通の不動産屋さんが精神障がい者に対してクロージング（契約を締結）できるかといえば、おそらくできないでしょう。

あるいは、精神障がい者が他の住民とトラブルを起こしたとき。適切に対応できる大家さんはそうそういません。

そんなときにも、私たち「大阪居住支援ネットワーク協議会」の出番です。

障がい者への対応に慣れていない大家さんに代わり、私たちが率先して対応します。

その際には「アドバイス」にとどまりません。私たちが「率先して、実際に動く」のです。

大家さんが不動産業を行う妨げにならないよう、私たちは全力を尽くします。

何を「リスク」ととらえるか

我々と「大阪居住支援ネットワーク協議会」が全力でバックアップする。だから住宅確保要配慮者の受け入れに協力してほしい。

……私たちがいくらこう熱弁しても、「やっぱりリスクを負いたくない」「怖いものは怖い」「嫌なものは嫌」と住宅確保要配慮者を敬遠する大家さんも、少なからずいらっしゃいます。

これればかりは仕方ありません。

ただ、「何をリスクととらえるか」は真剣に考えていただきたい。

繰り返しますが、空き家・空き部屋問題は年々深刻化しています。自分が住んでいるわけでもない物件の家賃を、自身が負担し続けなければならない。そのリスクは年々、増大しているのです。


私たちは、大家さんの抱える空き家・空き部屋問題について、直接支援する術《すべ》を持ちません。

しかし、「大阪居住支援ネットワーク協議会」に加盟していただければ、「住宅確保要配慮者の紹介」というかたちで、大家さんの抱える空き家・空き部屋問題を解消できます。そして、住宅確保要配慮者への対応も、私たちが全力でサポートできます。

リスクを極限まで抑えつつ、収益を安定させることができる。これが、「『大阪居住支援ネットワーク協議会』に加盟し、住宅確保要配慮者を受け入れる」という選択肢なのです。

ぜひ、真剣に考えていただきたいと願います。

おわりに

私は大阪府出身のバンド「ウルフルズ」が大好きです。

歌詞にもメロディにも、「あぁ、大阪出身なんだなぁ」とわかる温かみがあります。『笑えれば』なんて聞いたらもう、自然に涙がじわっと浮かんできてしまいます。

いちばん好きな曲が『ええねん』。人間のありのままの姿をすべて「ええねん」と認めて包み込む、温かくて熱くて、大きな曲です。

私の口癖もこの言葉に似ていて「大阪に来たらええやん」です
すべての生活困窮者に「大阪に来たらええやん」と伝えたい。

そう考えて本書を執筆しました。

地域に居場所がない。住むところがない。お金がない。家族がいない。友達がいない。
そんな人たちはみんな、大阪に来たらええやん。
大阪は温かい街です。熱い街です。大きな街です。
偏見なく、来るもの拒まず、訪れた人を包み込みます。

いつの日か、私がこれまで行ってきて、これからも続けていく生活困窮者支援の活動を、ウルフルズの方々にも知っていただき、私がウルフルズの曲の題材になる日を夢見ながら、筆を置くことにします。

ここまで読んでいただき、ありがとうございました。

2021年5月

坂本 慎治

その生活
抜け出せる

大阪府指定居住支援法人（居住支援法人登録番号：大居 001）
NPO法人 生活支援機構 ALL

ご相談ください。

仕事が見つからない

家が無い・ご飯が食べられない、という結論が出たらNPO法人生活支援機構ALLにご相談ください。

年金を受給しても生活できない

年金を受給しても、家賃・医療費等を払ってお金がなくなって生活ができないという結論が出たらNPO法人生活支援機構ALLにご相談ください。

身体的・精神的理由により眠れない

あなたが臭いや音に敏感で個室でないと眠れないという場合は、自分でそれを証明しなければなりません。それには医師の意見書が必要です。支援団体の医療相談をご利用ください。

DV

DVなどで家を出た女性が福祉事務所に保護を求めると女性専用の施設を紹介されます。但し、個室ではないことが多いです。婚姻届を出した夫婦で家がないという場合は家族寮を使います。

暴力団に昔、所属していた…

今は脱会しているという人は、それを証明しないと生活保護が受けられません。証明の方法は福祉事務所から警察に問い合わせて返答を待つしかありません。1か月位かかりますがその間の居場所は自力で確保する必要があります。

もし受理されなかったら？

区役所の窓口で生活保護の申請書を書かせてもらえず、相談だけで追い返された場合や、若い・多少の収入がある・年金受給しているなどの理由で生活保護を断られた方はNPO法人生活支援機構ALLにご相談ください。

SOS

一日でも早く

家がない・家賃滞納で退去しなければならない

生活費・医療費を払ってお金がなくなってご飯が食べられない・家賃の支払いができない、という結論が出たらただちに当機構へ連絡下さい。(0120-705-119)
又「お金が無いけど家は借りる事はできるの？すぐ住めますか？」と問い合わせが有りますが、例外はありますが、親切なアパートの大家さんがすぐに貸してくれる物件情報を揃えております。その場合はその日、すぐに住める事が有ります。

借金がある

借金を最後に払ってから 10 年以上経っていれば時効ですので気にする必要はありません。それより短い期間であれば債務整理や自己破産をおすすめします。
生活保護希望者は法テラス (HP) (電話番号 0570-07-8374 または 03-6745-5600 平日 9:00 ～ 21:00、土曜 9:00 ～ 17 : 00) で弁護士が無料で相談にのってくれます。
※個人の借金を保護費で返してはいけないということです。又、自分の保護費を人に貸してもいけません。注意してください。

家族に連絡されたくない

生活保護は最後の手段なので、「扶養照会」といって家族や親戚に「援助してもらえないか」と聞くことが福祉事務所に義務付けられています。電話やはがきによる問い合わせが多いようです。

ただし、「家族から虐待を受けていた」「居場所を知られたくない」などの特別な事情がある場合は、家族に連絡をとらずに生活保護を認めてくれる場合もあります。相談員によく事情を説明しましょう。

Q どんな人が利用できるの？

生活困窮者、住宅確保要配慮者等生活に困った人は誰でも相談できます。
（低額所得者、生活保護者、障害者、子育て世帯、高齢者、被災者、外国人など）

Q 居住支援法人って？

居住支援法人（住宅確保要配慮者居住支援法人）とは、「住宅確保要配慮者に対する賃貸住宅の供給の促進に関する法律」（略称：住宅セーフティネット法）に基づき大阪府が指定した団体で、住宅確保要配慮者※の民間賃貸住宅への入居に関する情報提供・相談や、見守り等の生活支援などの居住支援を行うものです。

※住宅確保要配慮者とは
生活困窮者、高齢者、障がい者、子育て世帯、被災者、外国人など、住宅の確保に特に配慮を要する方のことです。大阪市を含む大阪府下での住宅確保要配慮者の範囲については、大阪市ホームページ「セーフティネット住宅（住宅過去補要配慮者円滑入居賃貸住宅）の登録制度」をご覧ください。　大阪市ホームページ抜粋

Q どんなことを支援してくれるの？

住宅情報支援
相談者へ寄り添い、生活の基盤となる住宅を確保します。

つなぎ支援
相談者の状況を把握し、適切な制度への取次をしていきます。（生活保護・介護・障害関係等など）

継続的支援
居住支援が完了しても、必要に応じて相談者への継続的支援を行います。いつでもご相談ください。

物品支援
布団・鍋・洗剤・歯ブラシ等なども無償提供し、在庫があればテレビ・冷蔵庫・洗濯機（無償リース）の提供もする。

食糧支援
現物支給で、食料等の無償提供を行います。（米・パン・レトルト食品・インスタント食品・缶詰等々）食料支援機関の活用も出来る。

Q 誰が相談にのってくれるの？

様々な資格を持った専門の相談員がご相談をお受けいたします。
当機構スタッフ取得資格
伴走型支援士１級・伴走型支援士２級・初任者研修終了
宅地建物取引士・賃貸経営管理士・任意売却取扱主任者・空き家相談士等など・・・

Q 相談料はいるの？ 無料です。

1日も早く相談することをお勧めします。

発見連絡

援護を必要とする方を発見し、連絡します

困窮者は「SOS」を発することができないことが多いものです。

地域の民生委員・児童委員、ケアマネジャー、医療ソーシャルワーカー、地区福祉委員会、ヘルパーステーション、地域包括支援センター、在宅介護支援センター、社会福祉施設、福祉事務所等と協力して援助を必要とする方の発見につとめます。NPO 法人生活支援機構 ALL にご相談ください。

訪問相談

行って、見て、聞いて状況を把握します

専門の相談員が本人の住まいを訪問又は来店して頂き状況を確認します。

制度検討

適用できる既存制度がないか検討します

生活保護や介護保険、無料低額診療所、成年後見制度、生活福祉資金等貸付、日常生活自立支援事業などの制度が使えるかを検討します。

制度につなぎます

既存の制度がある場合は制度につなぐなどし、ない場合は、援助の方法を検討し、訪問・相談するなどして問題解決に努めます。

経済的援助を検討します

どの制度も適用できない、あるいは緊急を要する場合、医療費、介護サービス費、成年後見人を定める費用、その他生活に必要な費用を割り出して検討します。

継続的に見守ります

本人の生活の自立を目標に継続的に見守り、
相談などを行います。

著者

坂本 慎治（さかもと しんじ）

NPO 法人生活支援機構 ALL　代表理事

大阪居住支援ネットワーク協議会　代表理事

株式会社ロキ代表取締役。1988 年生まれ、大阪府出身。中学卒業後、鳶職を経て某大手賃貸仲介業者へ就職。入社後まもなく No.1 セールスマンに輝く。その後、売買・収益・管理案件とさまざまな仕事をこなしながら、一方で生活保護者や障がい者を受け入れない大家に疑問を抱き、25 歳の時に NPO 法人生活支援機構 ALL を立ち上げる。2021 年 4 月までに約 1 万人に対して生活困窮や居住支援の相談にのり、大阪の居住支援の第一人者として日々活動している。コロナ禍で増え続ける生活困窮者・住宅確保要配慮者等に住宅情報支援や適切な制度（生活保護等）へつなぐ活動をしており、大阪で今もっとも注目される期待の異端児のひとり。モットーは「人は見上げるものでも、見下げるものでもない、対等や」「生活保護は恥ずかしいことじゃない」。NHK ニュース「ほっと関西」、朝日放送テレビ「cast」、読売新聞など、メディア出演多数。

大阪に来たらええやん！
西成のNPO法人代表が語る生活困窮者のリアル

2021年5月28日　第1刷発行
2021年11月14日　第2刷発行

著　者　坂本慎治

発行者　杉浦秀光

発　行　信長出版
〒160-0022
東京都新宿区新宿7丁目26-7 ビクセル新宿1階
info@office-nobunaga.com

発　売　サンクチュアリ出版
〒113-0023
東京都文京区向丘2-14-9
TEL 03-5834-2507

装　丁　小口翔平（tobufune）

装　画　高柳浩太郎

印刷・製本　株式会社光邦

ISBN 978-4-8014-8100-8　Printed in Japan